和谐校园文化建设读本

中学教师教学艺术12讲

常香阁/编著

吉林教育出版社

图书在版编目(CIP)数据

中学教师教学艺术 12 讲 / 常香阁编著. — 长春：
吉林教育出版社，2012.6（2022.10重印）
（和谐校园文化建设读本）
ISBN 978 - 7 - 5383 - 8746 - 9

Ⅰ. ①中… Ⅱ. ①常… Ⅲ. ①中学教师－教学艺术
Ⅳ. ①G632.0

中国版本图书馆 CIP 数据核字（2012）第 115947 号

中学教师教学艺术 12 讲
ZHONGXUE JIAOSHI JIAOXUE YISHU 12 JIANG

常香阁　编著

策划编辑	刘　军　　潘宏竹		
责任编辑	刘桂琴	**装帧设计**	王洪义

出版　吉林教育出版社（长春市同志街 1991 号　邮编 130021）

发行　吉林教育出版社

印刷　北京一鑫印务有限责任公司

开本　710 毫米×1000 毫米　1/16　　**印张**　13　　**字数**　165 千字

版次　2012 年 6 月第 1 版　　**印次**　2022 年 10 月第 3 次印刷

书号　ISBN 978 - 7 - 5383 - 8746 - 9

定价　39.80 元

编　委　会

主　　编：王世斌

执行主编：王保华

编委会成员：尹英俊　尹曾花　付晓霞

　　　　　　刘　军　刘桂琴　刘　静

　　　　　　张　瑜　庞　博　姜　磊

　　　　　　潘宏竹

　　　　　　（按姓氏笔画排序）

总 序

千秋基业，教育为本；源浚流畅，本固枝荣。

什么是校园文化？所谓"文化"是人类所创造的精神财富的总和，如文学、艺术、教育、科学等。而"校园文化"是人类所创造的一切精神财富在校园中的集中体现。"和谐校园文化建设"，贵在和谐，重在建设。

建设和谐的校园文化，就是要改变僵化死板的教学模式，要引导学生走出教室，走进自然，了解社会，感悟人生，逐步读懂人生、自然、社会这三本大书。

深化教育改革，加快教育发展，构建和谐校园文化，"路漫漫其修远兮"，奋斗正未有穷期。和谐校园文化建设的研究课题重大，意义重要，内涵丰富，是教育工作的一个永恒主题。和谐校园文化建设的实施方向正确，重点突出，是教育思想的根本转变和教育运行机制的全面更新。

我们出版的这套《和谐校园文化建设读本》，既有理论上的阐释，又有实践中的总结；既有学科领域的有益探索，又有教学管理方面的经验提炼；既有声情并茂的童年感悟；又有惟妙惟肖的机智幽默；既有古代哲人的至理名言，又有现代大师的谆谆教诲；既有自然科学各个领域的有趣知识；又有社会科学各个方面的启迪与感悟。笔触所及，涵盖了家庭教育、学校教育和社会教育的各个侧面以及教育教学工作的各个环节，全书立意深邃，观念新异，内容翔实，切合实际。

我们深信：广大中小学师生经过不平凡的奋斗历程，必将沐浴着时代的春风，吸吮着改革的甘露，认真地总结过去，正确地审视现在，科学地规划未来，以崭新的姿态向和谐校园文化建设的更高目标迈进。

让和谐校园文化之花灿然怒放！

本书编委会

目 录

导　言

素质教育引起的教育变革与教学艺术发展的契合,为教学艺术的发展和运用提供了广阔的天地。教学艺术是实施素质教育的重要手段,教师应努力掌握并熟练运用教学艺术。随着教师专业化的不断强化,素质教育对教学艺术的要求也变得更加明确而严格。

一、素质教育呼唤教学艺术形成

(一)素质教育产生的背景是教学艺术产生背景的立体化拓展

1.欧洲文艺复兴运动与《大教学论》的问世

欧洲文艺复兴运动引起的教育风气变革促成了夸美纽斯《大教学论》的问世。在这部巨著中,夸氏首次提出了体现自然与和谐教育思想的教育方式——教学艺术。在此后的几百年间,教学艺术的发展经历了漫长的低谷阶段。

20 世纪 70 年代,发达国家非常重视对教师"扩展能力"(extensible power)的培养,教学艺术素质被认为是其重要的组成部分。美国、苏联、日本和德国都在教师教育中开设了与教学艺术相关的必修课或选修课。这些国家都非常重视培养学生的情感品质和创新能力,而教学艺术是完成这一教育任务的途径。

2.现代教育在我国的逐渐形成促进了教学艺术的发展

20 世纪 80 年代中后期,我国对人才的培养更注重适应性与创造性。于是,传统的以传授知识为主的教学被"知识——能力——智力——个性"四维一体的现代教学所代替。它引起了一场深刻的教育革命,改变了人们对教学动力的传统观点。"七五""八五"期间，我国关于教学艺术的研究空前活跃，相继出现了几本教学艺术专著和一些论文；在教学实践中，出现了魏书生、斯霞等著名的教学艺术大师。

进入20世纪90年代，人们清晰地看到了世纪转换时期中国教育现代化的宏观价值取向：教育全民化、教育终身化、教育民主化、教育主体化以及教育国际化。教育的这种发展趋势，为教学艺术的发展迎来了大好机遇。这一时期教学艺术研究兴盛的一个最显著的标志，是教学论开始把教学艺术纳入自己的研究范畴。

总体来看，教学艺术和素质教育二者产生的背景具有一定的相似性，但是，两者之间又存在着不同。教学艺术在产生之初不一定有较强的对象性，即在客观上有不考虑学生的教学艺术；但素质教育的产生就以学生的发展为出发点，不把学生的发展放在中心地位的教育就不属于素质教育，这说明素质教育和教学艺术产生的观念基础是有差别的。因此，素质教育产生的背景不是教学艺术产生背景的平面延伸，而是它的立体化拓展。

（二）素质教育为教学艺术的形成开辟了广阔的天地

教学艺术的发展需要先进的教育理念、教育的民主化、教师自我发展等条件，这些都是教学艺术发展的重要前提。

1.素质教育的推进使人们确立了先进的教育理念

素质教育是教学艺术发展的前提，素质教育在我国的推行极大地促进了教育教学观念的转变，包括先进的教师观、学生观、知识观、教学过程观和教学评价观等。在素质教育背景下，社会性教育理念将得到根本的转变，具有个体性先进教育理念的教师人数大幅度增加，这就为教学艺术的个体形成和社会推广创造良好的群体氛围。

2.素质教育加速了教育民主化的进程

在素质教育的影响下，教师的民主素质和学生在教育中的民主权利有了显著的提高。教师教学艺术的形成离不开学生的支持与配合。学生民主素质的提高对教师素质提出了更高的要求,教师可以从学生那里学到许多东西。素质教育离不开教育的民主和民主的教育,素质教育为教师的民主和学生的民主提供了理论依据和实践保障,这是教学艺术发展的条件之一。

3.素质教育为教师的发展创造了条件

素质教育最重要的保证是教师素质,它促使教师制定发展规划,形成发展方式,开始发展行动。在这种情况下,教师的"扩展能力"必然会不断提高,素质教育是形成教学艺术的基础。伴随着素质教育的深入推进,人们越来越认识到教学与课程改革的关键是教师素质的提高。可见,素质教育引起的教育变革与教学艺术发展所需条件的契合,为教学艺术的发展和运用提供了广阔的天地。

(三)教学艺术是实施素质教育的重要手段

1.教学艺术作为高水平教学方法的运用状态,是素质教育中教学方法主体化的理想表现形式。

教学艺术首先表现为一种教学方法的主体活化使用。教学艺术的高水平体现在教师对多种教学方法的主体活化使用与教学方法的创新。静态的教学方法在主体活化的过程中会呈现出水平的差异。不同水平的主体化的教学方法所产生的教学效果是不同的。与单一的教学方法合情境、合个性的运用相比,若干教学方法交替的、复合的、娴熟的运用与创新的教学方法合目的、合实际的运用,是一种更高水平的教学艺术。

2.教学艺术能够引起学生智力、情感、审美能力的协同发展

素质教育是为了促进学生生理、心理、社会等方面素质的全面提高。在素质教育的素质结构中,心理素质是核心。它包括理想、信念等已经理智化、系统化的精神理念体系,以思维为主的认知能力,以角色认同意识、人际协作性、情绪协同性为主要内容的乐群素质和以自我意识、生存

意识、主动适应性、进取性、责任感、开拓创新精神为代表的主体性素质。由此可见，素质教育与教学艺术都追求学生人格全面和谐的发展。

3.教学艺术是素质教育所需要的各种教师素质最集中、最典型的体现

教师素质构成要素包括教师的职业理想、职业道德、知识水平、教育观念、适应与创新能力、教学监控能力等方面。教师具备了这些方面的良好素质就为顺利、有效地进行素质教育创造了自身必备的条件。教学艺术的掌握是一个艰难的过程，教学艺术表现是在课前教师辛劳的教学构思的前提下，课堂上师生和谐共创的流程。

二、教师发展与教师专业化需要教学艺术形成

教师发展是素质教育顺利实施的保证；教师发展的目标是教学艺术家，这就要求教师努力形成教学艺术。

1.教学艺术形成是教师发展的一种理念

教师的发展是教育实践中的大问题，但他们的发展是什么？人们对此却没有一个统一的认识。笔者认为，教师发展即教师教学艺术的形成。教学艺术形成需要教师各个层面的知识，如果一个教师能形成教学艺术，则等于其发展了作为一个教师各方面的素质。

2.教学艺术形成为教师发展提供了方法论指导

教学艺术形成为教师如何发展提供了具体的方法。首先，教学艺术形成需要教师学习吸收新的教学理念，而且这种学习还应与时俱进，而非一劳永逸。其次，教学艺术形成需要教师广泛学习各种教学理论。再次，教学艺术形成要求教师不断提高自己的教学技能。教学技能的提高是教学艺术形成的基础，它是教学艺术的构成因素。最后，教学艺术形成还需教师不断提高科研能力。

第一讲　教学艺术概述

教学不仅是一门科学,更是一门艺术。

早在1632年,夸美纽斯在《大教学论》中就明确地指出:教学是"把一切事物教给一切人们的全部艺术"。从苏格拉底的"助产术"到杜威的"从做中学",从孔子的"因材施教"到陶行知的"教学做合一",人类的教学经历了一个漫长的发展过程,教学艺术水平也从低级到高级不断发展。本章将对这些教学艺术的核心问题进行探讨,希望有助于深化人们对教学艺术的理性认识,提高教学艺术的理论研究水平和实践运用水平。

第一节　教学艺术的概念及本质

教学和艺术是在社会需要和人自身发展相结合的基础上,形成教学艺术这一新的命题体系的,理解教学艺术概念的内涵,拨开教学艺术本质的迷雾,对教育教学是非常必要的。

一、教学和艺术的概念结合

"教学"和"艺术",本属于两个不同的概念体系,两者都有自己独有的内涵和外延。但在日常教学和科研活动中,却频频出现"教学艺术"这样的话语表达,这两者是如何结合并生成在教学科研和教学实践活动中使用频率较高的概念呢?

教学

古今中外许多教育家对教学这一概念都有自己的独特理解。如苏联教育家斯卡特金认为："教学是一种传授社会经验的手段,通过教学传授的是社会活动中各种关系的模式、图式、总的原则和标准。"这种观点强调教学内容是通过具体的教学活动这一中介来实现的,强调教师的"传授"作用。美国教育家布鲁纳则认为："教学是通过引导学习者对问题或知识体系循序渐进的学习来提高学习者正在学习中的理解、转换和迁移能力。"此种观点强调对学习者能力的培养及教师的"引导"作用。一些近代中国学者认为教学是教师教、学生学的统一活动,在活动过程中,学生掌握一定的知识和技能,同时身心获得一定的发展,形成一定的思想品德。这种观点强调教学是一种双边活动,而且它的目标最终指向学生。还有的教育家认为教学是教师依据学习的原理和原则,运用适当的教学技术与方法,刺激、指导、鼓励学生主动学习,以达成教育目的的活动。此种观点则强调教师对于教学艺术的运用能力。而著名教育家顾明远主编的《教育大辞典》对"教学"的界定则为："教学是以课程内容为中介的师生双方教和学的共同活动,是学校实现教育目的的基本途径,其特点为通过系统知识、技能的传授与掌握,促进学生身心发展。"此定义强调教学的双边活动性、目的性、教师促进学生的发展性。

综上所述,关于对"教学"概念的界定,不同学者从不同的视角、不同的层面揭示了"教学"的本质。但随着时代的不断发展,教学活动不断呈现新的特征和内涵,就有必要对"教学"的概念作出新的界定:教学是教师以教学目标为指引、以教学内容为中介,综合运用各种教学技术和方法促进学生知识掌握、能力提高和身心发展的活动过程。对此定义可从以下五个层次进行把握:

1.教学是一个动态的发展过程;

2.所有的教学活动都应在具体教学目标指引下完成;

3.所有的教学活动都应以特定的教学内容为依托;

4.教学的最终目的是指向学生的发展；

5.教师在教学过程中必须能根据实际情况创造性地综合运用各种教学手段。

由上述定义可知，我们在强调学生"学"的主体地位的同时，必须重视教师"教"的主体地位。由此，我们认为"应该把教育者与受教育者称为教育活动的复合主体，而不是平行的双主体"。我们必须在教师的有效的"教"方面多做研究，这也为教学艺术的研究提供了更为广阔的背景。

艺术

何谓艺术，自古以来就存在多种的认识，古希腊哲学家亚里士多德认为，艺术就是"模仿"，艺术"模仿"生活，或是生活的"镜子""复制""再现""反映"，或"表现"它。这些传统认识都认为生活是艺术的重要源泉，艺术不能等同于或还原为生活过程自身，这种"从生活到艺术"历来被广泛认同。如今却遇到了新的挑战。人们说"艺术即过程"，是"走向过程的艺术"，是"生活过程本身即艺术"。这种对艺术认识的转变是从20世纪初意大利哲学家克罗齐开始的，他认为"艺术即直觉"，也即是表现。这种强调艺术只是艺术家活跃的直觉、表象、情绪情感的观点，打开了动摇生活到艺术传统认识的缺口，从此艺术开始同某种"过程"等同起来，首先就是从等同于人的意识自身活动过程开始，"艺术即过程"，是"走向过程"的观点。这种观点得到后来思想家的不断强化，如著名心理学家弗洛伊德"潜意识升化"的观点，心理学家詹姆斯"意识流流动"的观点，著名哲学家柏格森"生命力表现"的观点，等等。如果说他们在20世纪上半期还只是向"过程论"靠拢的话，那么到20世纪后半期层出不穷的"概念艺术""活动艺术""触摸艺术""大地艺术""人身艺术""实物作画"，直到"生活过程本身即艺术"，则已是将"生活到艺术"整个翻了过来，"过程论"达到了顶峰，然而这种观点走到极致就成了所谓的"20世纪艺术精神"，解构秩序、消释中心、析离主体，是无序、瓦解地展示它自己，它已背离了"过程即艺术"的本身意义。如今人们认为艺术品不仅是人创造的，而且是艺术的创造过程，也是创造本体艺术的过程，艺术的存在成了一个真实的本体存在。19世纪德国浪漫诗派批评家施莱格尔就说过："没有诗，就没有存在。"而罗杰·加洛蒂甚至说："艺术不是别的，就是一种生活存在。"它为人提供"诗意地栖居于这片大地"（荷尔德林诗）的精神家园，因此，"只有把'从生活到艺术'与'生活过程即艺术'结合起来，对艺术的认识才可能是深刻的完整的"。综上所述，我们可以认为艺术不仅是对现实生活的反映，也是可供人们体验、感受的生活本身。

上述观点主要是从艺术哲学思想的层面谈对艺术本质的认识。然而从词源学的角度看，艺术是指"技艺""技能"，英语和法语 art 均来源于拉丁文 ars，"古拉丁语中的 ars，类似希腊语中的'技艺'……指的是诸如木工、铁工、外科手术之类的技艺或专门形式的技能。"在"德语中的艺术是 Krunst，它是从具有'知道''会做'的意义的'Knnen'一词发展而来的，指能够巧妙地解决任何困难课题的特殊熟练技术"。在这个层面说艺术一词等同于英语中的"skill"，而如今我们所使用的艺术一词是指英语中"art"的含义，是指"达到了某些要求的创造性工作"。在这种意义上使用艺术一词已经泛化到了生活的各个领域。我国学术界普遍认同的艺术概念是指"用语言、动作、线条、色彩、音响等不同手段构成形象以反映社会生活，并表达作家、艺术家的思想感情的一种社会意识形态"。如果对它作进一步细化，"艺术这个概念，有广义和狭义两种解释，广义的艺术，是指包括文学在内的通过塑造艺术形象来具体反映社会生活的一种意识形态。狭义的艺术，是指主要不用语言而以其他手段和方式来塑造艺术形象的意识形态"。如今在实际生活中，较多地使用广义的艺术含义，这是从艺术表现形式的角度对艺术的概念所做的界定。

以上我们从"艺术"一词的思想层面、词源学角度和具体形式三方面对艺术的含义作了全方位的分析。综合起来看，我们在把握艺术这一概念时，必须注意以下三个方面的问题：

1.艺术不仅是静态物化作品的存在，而且也是一种动态行为过程的存在；

2.艺术反映了人的创造性，是人的本质力的外化；

3.艺术必须借助具体可感的形象或行为来体现。

二、教学和艺术的概念同构

从前面对教学和艺术的概念的核心层面分析可知，教学和艺术具有相当高的共通性和契合性，对于这一特点我们可从以下几个层面作进一步探讨：

第一，教学和艺术在本质上都是一种动态的存在过程；

第二，教学和艺术的最终目的都是指向人；

第三，教学过程和艺术创作过程都是人本身力量的外化，都具有创造性的特质；

第四，教学和艺术的价值实现都必须借助具体可感的形象和行为。

由于教学和艺术在过程、目的、特质、形式等概念层面的共通性和契合性，使得教学和艺术在概念结合上具有相当高的同构性特点。因此，教学是一种特殊的艺术，它追求一种艺术化的存在形式。但由于诸多教学本体的特殊性要求，教学和艺术的本体差异也非常明显。这也为我们促使教学和艺术的概念结合提供了契机，我们必须研究在教学领域中的特殊艺术，因而教学艺术概念的生成就具有了它特殊的逻辑发展要求，教学艺术这一概念，就这样应运而生了。

三、教学艺术的本质

如何对教学艺术的本质进行科学的揭示，一直是教育界关注的焦点问题,也是最具争议性的问题。

(一)不同流派关于教学艺术本质的论述

中外不同的学者基于不同的价值观和方法论对教学艺术的本质有不同的看法,并在研究、发展中形成了不同的学术流派,具有代表性的流派的主要观点表现如下:

1.科学主义观点

此观点认为教学艺术体现着教师对教学规律的探究和运用的能力。20世纪四五十年代,科学主义教学思想在美国盛行,美国学术界对教学艺术概念的理解普遍持此种观点。此观点为推动对教学规律的本体认识和教学方法的科学化作出了巨大的贡献,使得教学质量和教学效率大大提高,教学艺术也由此沦为科学主义的附属。如我国学者张翔认为:"毫无疑问,教学的合规律性是教学艺术的必要前提,教学的合个性是教学艺术的灵魂和源泉。教学艺术是合规律性和合个性的统一。"这种观点如果发展到极致,教师最终就会沦为一种分析思维的机器。但是这种观点增进了人们对教学艺术的理性认识。

2.创造主义观点

此观点将教学艺术看作教师艺术家式的创造劳动,如专家苏灵扬认为:"教师之所以称为艺术家,是因为教师的劳动本身就是创作,而且比艺术家的创作更富有创造性。""教师创作的对象是生动活泼的人,创作本身不是集中、提炼与典型化,而是培养和发展……,所以教师又是艺术家,而且是有更特殊要求的艺术家。"这种观点在当前国内教育界相当普遍,许多研究者用这种观点来对抗科学主义观点,用教师的主体性的能动创造力去对抗科学主义纯粹理性观点。但如果这种观点发展到极致,就会走向主观主义、神秘主义和虚无主义,因为教师的主体创造性缺乏科学性的引导。

3.审美主义观点

唯美主义学派认为教学艺术是一个关于教学的纯审美范畴或美学范畴，教学艺术是一种美的艺术创造活动。如美国克莱德·E·柯伦的《教学的美学》和哈里·道的《教学：一种表演艺术》等著述就较为集中地反映了这种观点。美国教育家罗斯基认为："教学艺术是指师生紧密合作，充分利用教学情境中的一切条件，遵循教学规律和美的规律，创造性地应用各种教学方法和美的形象，最佳地完成教学任务的活动特征。"再如专家阎增武认为："教学艺术是通过诱发和增强学生的审美感以提高教学效果的手段。"当然，以上学者的观点强调了审美性在教学艺术中的重要地位，有些泛审美主义的倾向。如果审美主义观点发展到极致，就会在教学实践中走向审美的形式主义倾向，但它对纯粹功利主义观点有积极的对抗意义。

4.功利主义观点

目的性是人的活动区别于动物的显著标志。"合目的性"是衡量实践活动的重要标准。功利主义教学艺术论过分强调教学的功利价值，认为凡是能实现教学目的、有用或实用的教学便是教学艺术，如美国斯坦福大学教授盖奇认为："如果教学是一门艺术，那么也只能是'一门有用或实用的艺术，而不是一门以创造美和唤起审美快感为目的的艺术。'"而功利性教学目的的泛滥，常常会牺牲学生的综合发展，只注重现实目的性，甚至会将教学手段目的化。如王晋堂认为："所谓教学艺术，就是能达到最佳教学效果的一套方法。"当然这种观点对重视教学目的从而实现全面、最佳、具有工具性、方向性的作用。但如果教学走向纯功利主义的方向，将使教学艺术沦为纯功利主义的工具，导致其本体价值的丧失，坠入工具理性的泥潭。

以上四种流派的观点都从教学艺术的不同层面对其本质作了深入

的剖析,具有相当高的理论和实践意义,但它们都很片面,如果发展到极端,都会扭曲教学艺术的本质。在综合历史上各学术流派的观点之后,我们对教学艺术的本质作出了更为全面的界定。

(二)对教学艺术本质的重新界定

1.如何准确科学地界定教学艺术的本质呢？我们认为必须注意以下几个方面的维度：

①教学艺术必须是一门艺术,它必须体现艺术的一般规律和特点。

②教学艺术一定是有关教学的艺术,它必须符合教学活动的特殊要求。

③教学艺术一定要克服科学主义、审美主义、创造主义、功利主义的狭隘视域,回归到本体意义的教学艺术观上来。

基于以上三个维度的考虑,我们认为:教学艺术就是教师为达到最佳教学效果,在遵循教学规律和美学规律的基础上,创造性地运用各种教学方法和创设各种教学情境优化教学实践活动的能力素养和行为。

2.对这一定义进行科学的理解需要把握以下三个逻辑层次：

①教学艺术是指在教学实践活动中,教师创造性地运用各种教学方法和创设种教学情境的一种能力素养和外化行为。它是观念艺术和行为艺术的统一体。

②教学艺术运用的目的是为了达到最佳教学效果,最佳教学效果是一个综合的目标体系,是教师运用教学艺术的逻辑起点。它是目的和手段的统一体。

③教学艺术在运用过程中必须遵循教学规律和美学规律。它是科学性和审美性的统一体。

第二节　教学艺术形成的内涵及特征

　　教学艺术形成就是教师为了实现教学过程的最优化及学生的全面发展,在教学实践或教师职业培训中发挥自己的主体性,从教学科学与教学艺术的角度,不断进行教学素养提高的一种长期有效的专业化方式。教师形成教学艺术的目的之一就是使教学充满生命活力,使其变成学生获得发展的精彩活动;目的之二是为了使教师在教学中把课程资源挖掘到最充分的地步,实现教学的最优化,最大程度促进学生的发展。教学艺术形成的目标包括知识与技能目标、方法与策略目标、态度与价值观目标三个方面。教学艺术形成的意义在于丰富了教师发展的内涵,提升了教师发展的层次,使教师感受到主体价值的实现;有利于教师责任的完成并形成自身的职业认同。发展性教学艺术是主体性教育指导下的教学艺术,有利于学生个性的全面发展。为了形成发展性教学艺术,教师首先应确立发展性教学的基本思想,形成发展性学生观,学会让学生参与教学,形成指导学生理解文本与进行超文本理解的艺术。

一、教学艺术形成的内涵

　　现如今,一方面是如火如荼的课程改革,另一方面是教师专业化与教师教育专业化的强烈呼声,加上教师培养的开放性与选拔任用的社会化,给广大教师带来了前所未有的压力。努力提高自己的综合素质,促进教学水平的全面提升成了教师发展的必经之路。解决这个问题就是要解决教学艺术形成的问题。

(一)教学艺术形成的理解

　　教学艺术形成是教师的主体性在教学实践活动中的自然表现。马克思认为,动物和它的生命活动是直接统一的,"人则使自己的生命活动本身变成自己的意志和意识对象。他的生命活动是有意识的……有意识的生命活动把人同动物的生命活动直接区别开来"。人总是在"应是其所是"与"是其所不是"之间发生着矛盾。正是在这种矛盾中，人不断实现着自我否定、自我超越。超越的过程是一个应然不断代替实然，理想不断代替现实的过程。同样，教师正是在不断超越自我，不断否定过去教学经验的冲动与激情中，实现着教学艺术的磨炼与提高。没有这种人生的冲动与生命的激情，教师教学艺术的形成就会缺乏动力。

教学艺术绝非一种简单的教学技能，它是教师综合素质的全面体现。教师应追求德、识、才、学等方面的全面提高，只有这样，教学艺术才能有表现的良好基础。由此可见，教学艺术形成是一个包含着观念体系、实践意向、实践能力等多方面的形成的一个复杂体系。

形成教学艺术的过程，就是教师学会把自己的经验、理解、智慧、困惑、问题等融入教学的过程。长期以来，我们的教学更多的是一个客观的学习过程，或者说是一个学习客观知识的过程。这也是导致教师与学生对现在的教学缺乏兴趣的主要原因。教师只有越来越多地把自己的体验、感受融入到教学当中才能形成自己的教学艺术风格。

总之，教学艺术形成是教师和将要从事教师职业的人，为了实现教学过程的最优化与学生的全面发展，在教学实践或教师职业教育与培训中发挥自己的主体性，从教学科学与教学艺术的角度，不断进行教学素养提高的一种长期有效的专业化方式。这个定义的含义包含以下几个方面：

1.教学艺术形成的主体不只是教师，还包括将要从事教师职业的人。这说明教学艺术形成存在于职前教育、入职教育与职后教育三个阶段之中。

2.教学艺术形成的目的是为了实现教学过程的最优化与学生的全面发展。

3.教学艺术形成的途径有教学实践、专业培训与专业实习等。

4.个体教学艺术的形成需要发挥自己的主体性。

5.教学艺术形成需要教师持之以恒地为之努力奋斗；教学艺术形成涵盖了影响教学过程的几乎所有的知识与能力的掌握，因此它对于教学艺术形成主体的发展而言，是最为有效的。

6.教学艺术形成是一种专业发展方式。

(二)教学艺术形成的目的

教学艺术形成既是教师发展的手段，又是教师发展的一个目标。这个目标在内涵上具有很强的包容性。教学艺术形成可以使教师明确自己的发展目标。教学艺术形成的目的是为了让学生愉快、和谐、全面的发展，它的价值色彩超过了工具色彩。

教师形成教学艺术的目的之一就是使教学充满生命的活力，使教学变成学生获得发展的精彩活动。要让课堂呈现生命的活力，教师与学生应该积极参与，而且能够互动，教学方法应该灵活创新。只从技术、模式的层面考虑问题，教学就会死板。只有当教学达到艺术的水平，它才会呈现出生动活泼的局面。但我们应当知道，富有程序化、技术化的教学模式在教学艺术形成的初期是不可缺少的，但当教学艺术水平达到一定程度时，教师就应突破教学模式的束缚，灵活机智地去把握教学。从无模式到有模式，再从有模式到无模式，这是一个否定之否定的发展过程。

教师形成教学艺术目的之二是为了优化教学认识方式，它直接影响着课程运行的价值实现程度。教学艺术形成就是教师为了充分挖掘课程资源，从教的方式探求实施课程的最优方式。从教学历史进程来看，人们一刻也没有放弃过对最优的教学认识方式的追求。教学模式的产生是人类追求最优教学方式的结果。这种做法容易产生教学方式方法研究中非此即彼的对立。因此，广大教师应从多角度、多方面、多层次进行探索。

（三）教学艺术形成的目标

教学艺术形成的目标是指通过教学艺术形成的具体活动,教师所发生的教学水平变化的结果。教学艺术形成既是教师教学艺术形成的方向,也是他们教学艺术形成的动力;缺乏教学艺术形成目标,教师就会失去发展的方向与动力。教师在教学艺术形成过程中要明确目标、分解目标;在教学艺术形成过程中要贯穿目标、落实目标、检测目标的实现程度。我们可以从知识与技能、方法与策略、情感态度与价值观等方面来考虑教学艺术形成的目标问题。

1.教学艺术形成的知识与技能目标

教学艺术形成的知识与技能目标是教学艺术形成的基本目标。教学艺术形成的知识包括理论知识与经验知识两方面。理论知识包括的范围比较广,基础文化知识、学科知识与教育专业知识都是教学艺术形成必要的知识体系。

教师在教学艺术形成时,要明确所学习、掌握知识的总目标,然后把它们分解成具体的目标,以便分阶段学习掌握。

2.教学艺术形成的方法与策略目标

教学艺术是对教学方法与教学策略的合情境、合目的的灵活运用。因此,在教学艺术形成中,教学方法与教学策略的掌握、运用与创新也是这个过程中的重要目标。基本方法的掌握与运用是最基本的目标;多种方法、多种教学手段的组合使用是中级目标;教学策略的灵活设计与运用是高级目标;教师对教学方法与策略的创新是最高目标。

（1）教学艺术形成的方法目标

教师需要掌握的方法有:教师备课的方法;教师把握教学内容的方法;教师开始教学的方法;教师组织教学过程的方法;教师课堂提问的方法;教师对教学进行评价的方法;教师运用现代教学手段的方法;教师引

导学生学习的方法。

教师教学艺术形成的方法目标:一级目标是掌握单一的教学方法;二级目标是能够较好地运用这些单一的方法;三级目标是掌握组合性方法,各类单一的方法根据不同的任务需要进行组合;四级目标是所掌握的组合性方法的灵活运用。

(2)教学艺术形成的策略目标

教学策略的主要内容有:语言运用的策略,教学设计的策略,激发学生参与教学的策略,营造教学氛围的策略,处理师生关系的策略,运用多媒体教学手段组织教学的策略等。

教学策略目标:一级目标是掌握单一的教学策略;二级目标是运用单一的教学策略;三级目标是掌握组合的教学策略;四级目标是组合的教学策略的灵活运用。

3. 教学艺术形成的态度与价值观目标

教学艺术形成的价值观目标,是指教师在形成教学艺术时,所确立的对教学艺术及其形成的价值取向。

教师首先要确立的目标是对教学艺术的了解,并认识到教学艺术的重要性。了解教学艺术应当是一级目标;二级目标是对教学艺术产生兴趣;三级目标是产生教学艺术形成的倾向性;四级目标是完全形成正向的教学艺术形成的价值取向。

4. 教学艺术形成的情意目标

教学艺术形成的情意目标可分为四级:一级目标是建立对教学艺术及教学艺术形成的认同,这是教学艺术形成情意目标的最低目标,也是教师形成其他目标的基础;二级目标是确立对教学艺术形成的正确态度,这是产生行动的关键因素;三级目标是培养对教学艺术及其形成的酷爱情感。这是教师能够形成教学艺术的根本心理动力;四级目标是培养教师探索教学艺术的坚强意志。只有有了坚强的意志,教师才能持之以恒地追求教学艺术的形成。

我们除了要准确、科学地把握教学艺术的本质外,更要深刻理解教学艺术的主要特征,只有将教学艺术的内涵和基本特征结合起来理解才能加深对教学艺术的认识。

二、教学艺术的基本特征

(一)教学艺术的实践性

教学艺术是一门实践性非常强的艺术,只有在实践中不断探索,经过实践检验而获得实际效能的教学艺术,才可称得上高超精湛的教学艺术,即教师的教学艺术水平的提高也是教师不断将教学艺术理论运用于教学实践中并不断升华的结果。

(二)教学艺术的创造性

创造性是教学艺术最根本的特征,德国教育家第斯多惠说:"教师必须有独创性。"教学艺术虽可模仿运用,但最忌公式化、模式化。如巴班斯基曾经说:"教育劳动的一个典型特点是它不允许有千篇一律的现象。"在现今的教学导向中,非常注重学生创造性思维的培养,那种无个性、无创造性,照搬照抄别人的传统教学方式、方法、技巧只会抹杀学生创造性思维的火花,可以说,创造性是教学艺术的"生命",是教师个性化力量的体现。

(三)教学艺术的情感性

教学艺术的成功运用更多是以一种精神、艺术的方式促进学生的知识掌握和能力提高。教学是师生双方共同参与的活动,连接师生的纽带主要是人的情感。教师在教学中适当创设情感氛围,以情感人,是教学艺术运用水平较高的一种体现。

（四）教学艺术的形象性

教学艺术注重形象性，需要借助语言、表情、图像、音响等方式来表达或解释知识，进行教学信息的传递，并通过这种感性化的方式深化学生对知识的掌握和能力的培养。

（五）教学艺术的审美性

苏联著名美学家斯托洛维奇曾经指出："在每个领域中出现的凡是值得被称为艺术性的活动，都必定具有审美意义。"教学作为一种特殊的艺术，也有其特殊的审美特点，教学中的审美性主要是由作为审美对象的学生和具有审美价值的教学内容及传递审美价值的教师共同体现的。因此，教学艺术的美是内在美与外在美的有机统一。教学艺术的内在美主要是指教师所讲授的教学内容具有美学意义。教学艺术的外在美主要指教师进行教学表达的形式美，如教师的仪表美、教态美、语言美、节奏美、风格美、板书设计美等方面。

（六）教学艺术的情境性

任何教学艺术的运用都是在具体的教学实践中进行的，它必须紧密依托于具体的教学活动。因为任何事物都处于永恒的动态的发展变化中，正如古希腊哲学家赫拉克利特所说："人不能两次踏入同一条河流。"面对不断变化的教学对象、教学内容、教学情境，教师只能结合具体的教学情境，创造性地运用教学艺术。

（七）教学艺术的表演性

在教与学的双边活动中，教师必然要通过自身的表演，将教学内容全面展示给学生，与一般艺术相比，教学艺术活动的表演更具有综合性，因此有些专家把教师称为"综合的艺术表演家"。教师生动形象的表演，可以丰富学生的感知表象，促进学生理解能力和思维能力的发展。有效增强表演的形象性的关键在于教师要进入表演角色，要倾情投入，就像一位演员要演好戏必须倾情投入一样，同时要坚持适度原则。

（八）教学艺术的目的性

传统的教学艺术认识论的狭隘性在于单纯地强调教学艺术的非理性因素，强调它的审美意义和情感价值。实际上，任何教学活动的实施都要以完成教学目的为目标，最终指向学生的全面发展。教学艺术作为优化教学活动的一种高层次的手段，更体现了教师在教学活动中对教学目的的一种主体自觉，因此，教学艺术的运用必须以优化教学活动为出发点，以全面提高教学效果为价值指向。

能否科学地给教学艺术进行分类，是能否科学而又准确地认识教学艺术外延的重要基础，也是教师在具体的教学实践中能否有效运用教学艺术的前提。对教学艺术的分类，许多研究者都从不同层面作了深入的探讨。

在我们对教学艺术的本质内涵、基本特征及外延作深入了解的同时，还有必要对教学艺术在现实层面中的功用问题进行清晰的剖析。因为任何一种理论只有当它真正起到改造社会、服务社会的作用时，它才真正具有理论和实践意义。

第三节　教学艺术的发展、功能及意义

一、教学艺术的发展

为了清晰地了解教学艺术的发展，我们将其分为中国和国外两个部分加以介绍，其中中国部分按照中国历史的分野，我们从两个时间段来介绍我国教学艺术的发展历程。

（一）中国古代的教学艺术思想及实践综述

我国的春秋战国时期思想活跃，许多大思想家、大教育家提出了很多很有见地的教学艺术思想。孔子创办私学，使学校从王宫官府中解放出来，使教学过程和政治活动有所分离，大大促进了教育思想和教学艺术思想的发展，可以说这一时期是中国教学艺术思想发展的源头，主要体现在：

1.孔子的教学艺术思想

孔子被人尊为"万世师表",他的教学艺术思想概括起来主要有：

（1）启发善诱

据《论语·子罕》记载,孔子的弟子颜渊曾对孔子的教学艺术作过概括："夫子循循然善诱人:博我以文,约我以礼。欲罢不能,既竭

孔子像

吾才,如有所立,卓尔;虽欲从之,末由也已。"孔子的"循循然善诱人",激发了学生对学习的兴趣,竟使他们达到了"欲罢不能"的境地。孔子还认为在教学中应该用启发式教学培养学生独立思考和自觉学习的能力,他提出："不愤不启,不悱不发。举一隅不以三隅反,则不复也。"孔子认为只有当学生有了强烈的学习要求时,一经启发,才能豁然开朗,才会收到举一反三的效果。

（2）因材施教

孔子善于根据学生不同的性格和特点、兴趣和爱好,给予不同的教育内容和实践要求。如:他对子路和冉有"闻斯行诸"的问题进行不同的指导,他的理由是："求也退,故进之;由也兼人,故退之。"这对优化不同层次的教学活动有相当的借鉴意义。

（3）人格感化

首先,孔子非常尊重学生。他曾说："后生可畏,焉知来者不如今也?"在日常交往中,孔子态度谦虚,认真听取学生的发言。其次,孔子非常爱学生。他把学生当作自己的子女一样,当颜回死了以后,他伤心大哭。再次,孔子能很好地接受学生的批评,如"子见南子,子路不悦,夫子矢之曰:'予所否者,天厌之'"。当子路对孔子的行为表示不满时,孔子并未对子路进行指责。另外,孔子还非常注重师生的平等地位和教师的示范作用。如他所说："其身正,不令而行;其身不正,虽令不从。"孔子的

人格力量深深地影响着学生,其教学效果也是可想而知的。

（4）以喻释理

在教学中,孔子还善于运用比喻和具体的事物以及形象化的语言来阐明抽象的概念,如他用松柏来比喻节操"岁寒,然后知松柏之后凋也";用北斗星来比喻德政"为政以德,譬如北辰,居其所而众星共之"。这种化抽象为形象的艺术在教学中意义重大,有助于学生对知识的理解和掌握。

2.墨子的教学艺术思想

墨子是春秋战国时期又一重要人物,他的许多教学艺术思想和精神也很值得研究,主要体现在:

（1）察类明故

墨子非常注重培养、发展学生的抽象思维能力。他提出"察类明故"的方法,培养学生的论辩才能,发展其理论逻辑思维。他教育学生要善于通过类比,探明原理,据已知测未知,依现象探内含,所谓"谋而不得,则以往知来,以见知隐。谋若此,可得而知矣"。在侧重生产劳动知识和自然科学知识的教学实践中,指导学生进行概括、归纳、分析,同时进行实际操作、科学实验,促成学生积极的抽象思维活动,这在教学方法上有重大意义。

（2）量力

墨子在中国教育史上首先明确提出了"量力"这一教学方法。他要求学者量力学习,同时也要求施教者把握量力性的原则,估计学生"力所能至"而施教。只有按照自然发展程序,量力施教,才能做到"深其深,浅其浅,益其益,尊其尊"。量力方法的提出,表现出墨子对教学规律的深刻把握。

另外,墨子在教学方法上,既注意具体的譬喻及实例,又善于引导学生知其所以然。"譬也者,举他物而以明之也。"他善于借具体生动的事物以揭示所说明对象的属性或本质。

3.孟子的教学艺术思想

作为儒家思想的重要发展者,孟子继承并发展了孔子的教学艺术思想,主要体现在:

(1)启发引导

孟子像

孟子认为老师应该积极引导学生求知,特别是启发学生思维,指出前进的方向和目标,"大匠不为拙工改废绳墨,羿不为拙射变其彀率,君子引而不发,跃如也。中道而立,能者从之"。这是对孔子的启发式教学思想的继承。

(2)自我探索

孟子在教学中强调要发挥学生的主动精神,依靠学生的主观能动性自我探索。他说:"君子深造之以道,欲其自得之也。自得之,则居之安。居之安,则资之深。资之深,则取之左右逢其原。"他认为教师在教学中只能给学生某些"规矩"(方法),但不能使他们达到熟练技巧,掌握熟练技巧,灵活运用知识主要靠个人的主观努力,正所谓"梓匠轮舆能与人规矩,不能使人巧"。因此,老师要善于引导学生进行自我探索,当然前提是教师必须先传授好的学习方法。

(3)专心致志

孟子认为学习必须专心致志,不能三心二意。他说:"今夫弈之为数,小数也;不专心致志,则不得也。弈秋,通国之善弈者也,使弈秋诲二人弈,其一人专心致志,惟弈秋之为听;一人虽听之,一心以为有鸿鹄将至,思援弓缴而射之。虽与之俱学,弗若之矣,为是其智弗若欤?曰:非然也。"以学习下棋的故事来说明专心对于学习的重要性。因此,教师要善于集中学生注意力,使学生专心学习,这对于取得良好的教学效果极为重要。

（4）循序渐进

孟子认为进行教学如同植物生长一样，有自己的规律，必须循序渐进。"其进锐者其退速"，进程的过于迅疾，势必影响实践教学效果，致使退步也快。他还通过"揠苗助长"的寓言告诫人们必须注意到教学是一个自然有序的过程。

（5）教亦多术

孟子认为教学方法不能千篇一律，而应根据不同情况采取多种多样的方法。他认为："君子之所以教者五：有如时雨化之者，有成德者，有达财（材）者，有答问者，有私淑艾者。此五者，君子之所以教也。"并进一步提出："教亦多术矣，予不屑之教诲也者，是亦教诲之而已矣。"可见，教师要根据具体情况，采用灵活的教法，要因人而异，不拘一格，只要能有效完成教学目标，便是好的教学方法。

4.荀子的教学艺术思想

荀子是先秦儒家最后一位大师，也是先秦思想的集大成者，其教学艺术思想主要体现在：

（1）适时而教

荀子认为教育学生要达到最佳效果必须要根据具体的教学情境适时而教，他说："故不问而告谓之傲；问一而告二谓之囋。傲、非也，囋、非也；君子如向矣。"人家不向你请教而去教导他，是犯了急躁的毛病；人家只问一件事而偏要告诉他两件事，也未免啰嗦了；急躁不对，啰嗦也不对。只有适时而教，才能取得良好的教学效果。

（2）善假于物

荀子在《劝学》一书中认为教师要"善假于物"，学生学也同样如此，实际上是说一个人要善于借助外物，善于利用已有的知识去认识新事物或解决问题。教师不但要自己"善假于物"，利用各种教学手段和教学情境优化教学活动，也要推动学生"善假于物"去解决问题，提高能力。

5.董仲舒的教学艺术思想

秦汉时期以西汉时教育家董仲舒为代表的教育思想影响最为深远，体现在教学艺术方面的有：

(1)圣化

董仲舒认为优秀的教师必须遵循"圣化"的原则："善为师者，既美其道，有慎其行；齐时蚤晚，任多少，适疾徐；造而勿趋，稽而勿苦；省其所为，而成其所湛，故力不劳而身大成，此之谓圣化，吾取之。"他要求教师在教学中要注意言传身教，要掌握时机及时施教，要根据学生的实际，掌握教学分量和进度；要勤于考核、督促，但又不能挫伤学生学习的积极性；要观察了解学生，因材施教。

(2)节博合宜

董仲舒认为教学要注意处理好"节"与"博"的关系，对于学生学习知识的范围，不能"太博"，也不能"太节"。"太节则知暗，太博则业厌"，应该是节博合宜，节博结合，循序渐进。这实际上也要求教师对传授的知识范围进行适度的控制。

(3)强勉努力

"事在强勉而已矣，强勉学问，则闻见博而知益明。"董仲舒认为教学贵在强勉努力，刻苦钻研，才能前进，才能达到"博"与"明"的境地。所以教师只有加强自身各方面的修养，才能自如地运用好教学艺术。

两晋南北朝时期，关于教学艺术思想的发展不太明显，到隋唐五代时略有发展，唐代教育家韩愈认为应该科学认识教师的作用，提出了教师的任务是"传道、授业、解惑"。解惑是起点，而授业的最终目的是传道，即培养人，并提出"弟子不必不如师，师不必贤于弟子，闻道有先后，术业有专攻，如是而已"。也就是说老师和学生之间要不耻相师，互相学习。

宋元明时期教学艺术思想得到了进一步的发展，如北宋教育家张载认为教学应掌握适时而教的艺术,而程颢在教学时对待学生"一团和气",讲学则善"发其关键","不务解析为枝词"。再如南宋教育家朱熹则认为教师在教学中的主要任务是指引和辅助,他指出:"指引者,师之功也。"教师只能"示之于始,而正之以终",就是说教师应在学习开始时进行指引,在学习结束时帮助他们总结。他还认为教学中应积极诱导,反对消极。而明代的王守仁则非常重视教育儿童的教学艺术,主张用涵养、栽培的办法启发他们的智慧,开导他们的心态,还认为应量力贵精和因材施教。在教师和学生关系上则强调师生相处,应当自然和谐。他鼓励学生勇于对教师提出批评和意见,在教学实践中身体力行。

综观我国古代的教学艺术思想及实践,可以看到:

①我国古代教育家虽然没有很清晰地提出"教学艺术"的概念,但都重视教学艺术产生的效果,在实践中显示出高超的教学艺术水平。

②我国古代早在先秦就确立了教学艺术的许多指导性原则,后来的人都只是在继承中略有发展,系统性的总结论述明显不够;但散见于他们著作、文章中的许多教学艺术思想精髓发人深省。

③我国古代教学艺术思想值得挖掘的东西还很多,还需加强研究。

(二)清代以来的教学艺术思想及实践概述

清代以来的教学艺术思想随着我国历史的剧烈变化,在发展中走了一条独特的道路。

1.王夫之的教学艺术思想

(1)学思结合

王夫之是早清时期的大教育家,他认为不但学生要学思结合,教师也要如此,这对教师如何提高自身素质很有启发。他说:"致知之途有二:曰学,曰思。学则不恃己之聪明,而一唯先觉之是效,思则不徇古人之陈迹,而任吾警悟之灵……学非有碍于思,而学愈博则思愈远;思正有功于学,而思之困则学必勤。"学的优点是不怀成见和自以为是;缺点是盲从而缺乏独立思考。思则正好相反,所以学和思可以相互促进,博学是思远的基础,而思遇到困难,就会更加勤学。王夫之的观点,是对儒家学思结合的精辟总结。

(2)"有序"和"不息"相结合

他认为教学不但要"习",还要注重"时",提出"学而不习,习而不时"是学者的通病。他所说的"时"有两个含义,一是循序渐进之义,二是有恒之义。他解释《学记》时说:"时者,有序而不息之谓也,恒守也。"即教学既要循序渐进,又要有恒心,不间断。

(3)自勉与自得

王夫之主张严格要求学生,他说:"学者不自勉,而欲教者之俯从,终其身于不知不能而已矣。"他认为教师应让学生有学习心理准备,激发学生内在的学习动力,并在此基础上进行启发式教学,学生才有"知得",才会获得良好的效果。

2.颜元的教学艺术思想

颜元的教学思想强调"主动"、"司行",从而和"主静"与偏重语言文字的传统教育方法根本对立。他"反静主动"是很强烈的。他认为此两者不可调和,势不两立,并关系到人才的培养和国家的强弱,所谓主动的教学艺术思想,就是要通过实际活动,通过具体的事去学去做。因此,必须注重习行。他认为只有习行才能取得真正的知识,也才能实际运用所教所学的知识,其中"格物致知"是颜元习行原则的主要方法。

3.康有为的教学艺术思想

康有为作为晚清维新派主要人物,他的教学艺术思想既有历史传承又有革新的一面。在

康有为像

历史传承方面,他教学时注重"循循善诱"、"至诚恳恳"、"诲人不倦",讲课十分生动,振奋人心,如大海潮,如狮子吼一般;在教学方法革新方面,注重比较法教学,如梁启超说:"先生讲学粤中凡四年,每日在讲堂者四五点钟,每论一学,论一事,必上下古今,以究其沿革得失,又引欧美以比较证明之。"

4.蔡元培的教学艺术思想

蔡元培作为民国时期的大教育家,针对传统教育的弊端提出新的

蔡元培像

教学艺术思想。他批评中国旧教育"是教者预定一目的,而强受教者以就之;故不问性质之动静,资禀之锐钝,而教之止有一法,能者奖之,不能者罚之,如吾人之处置无机物然",他认为这种教育是应该改变的,新教育应该懂得儿童身心发展的规律,用适当的方法教育之,教育者不要事先有个固定的办法,去约束受教育者。他说:"教育者,与其守成法,毋宁尚自然;与其求划一,毋宁展个性。"他反对注入式教学,提倡发挥儿童个性,要学生自动、自学、自助,教师的责任只是在学生感到困难时,去帮助他们。因此,教师必须要多研究教育科学。另外,他特别提倡美育,认为美育可以引人进入一种"自美感以外,一无杂念"的意境。

5.陶行知的教学艺术思想

教、学、做合一,是陶行知的教学思想,它的基本原则是"教的法子要根据学的法子,学的法子要根据做的法子"。并且他认为要注重"做",反对过分重视书本、理论脱离实际,学生完全被

陶行知像

动的传统方法,并进一步提出用"行动、观察、看书、谈论、思考"的五步探讨法进行教学。这是教学方法的运用艺术,他还强调,教学艺术在于教师设法"引起学生的兴味","学生有了兴味,就肯用全副精力去做事体,所以'学'与'乐'是不可分离的"。

6.俞子夷的教学艺术思想

俞子夷像

近代著名学者俞子夷在其《教学法的科学观和艺术观》中说:"教员的艺术,是一种介绍、传达、引导的,比文学家、美术家稍不同,比戏剧家似乎相像而更困难。"并说:"我们教学生,若没有科学的根据,好比盲人骑瞎马,实在危险。但只知道科学的根据而没有艺术的手腕处理一切,却又不能对付千态万状、千变万化的学生。所以,教学法一方面要把科学作基础,一方面又不能不用艺术作方法。"他对教学科学和艺术的关系作了深入的辩证分析,促进了对教学艺术的深入理解。

7.曹孚的教学艺术思想

著名学者曹孚认为:"教育学既是一门科学,又是一门艺术。我认为教育学既要讲理论,又要讲方法;既要有观点,又要有方法、技术。"并进一步对教学技术与艺术作了区分,指出:"技术运用熟练加上个人的创造时,才能达到艺术的境界,所以要求教育工作者要有一定的创造性。"这对深化教学艺术的认识是十分有益的。

此外,还有许多教育家发表过一些具有真知灼见的教学艺术观点,在此不再一一列举。综观这一时期教学艺术思想,可以发现:近代教育家在立足传统批判旧教育弊端的基础上不断深化对教学艺术思想本质内涵的认识;明显受现代西方观念的影响,对教学艺术的许多理论问题有西化倾向;这种思想发展推动了教学艺术在教学实践中的运用和教学艺术思想的进一步研究。

（三）国外教学艺术思想的发展

国外教学艺术思想的发展不但历史漫长，而且发展的轨迹非常清晰，我们根据发展的阶段性特点，从以下几个时期进行介绍。

1.教学艺术思想的孕育期

国外教学艺术思想的源头可以说是从古希腊的教育家、思想家开始的。智者派在当时非常活跃，以传授雄辩术为职业，代表人物是普罗塔戈拉，他教授雄辩术的方法有以下几个步骤：

①向学生提供简单的讲演或演讲，作为语言的优秀范例；

②进行有关这些演讲的考试；

③学习文法、修辞学和辩证法；

④青年演说家练习演说，教师给予评论；

⑤由学生进行公开讲演。

普罗塔戈拉非常注重语言训练，并提出了许多有针对性的方法。这对当前教育领域中教师语言表达力的缺乏问题是很好的正面启示。古希腊大学者德谟克利特主张教师应该用说服和鼓励的方法进行道德教育，强调教师在教学中要善于引导学生努力学习和勤于思考。

苏格拉底对教育思想的主要贡献是倡导问答法，他与学生谈话或直接向学生提出问题，由他们作出回答。他不直接纠正学生的错误，而是根据不正确的回答提出补充问题，使学生自己认识到答案的错误，然后再用各种具体的例子启发学生，引导他们一步步接近正确的知识，苏格拉底倡导的这种回答法，在外国教育史上被称为"产婆术"，这可以看做是启发式教学艺术的西方渊源。

苏格拉底的学生柏拉图则认为"教育的方式适合"时，"节奏与乐调"就能成为美的力量来浸润心灵，并在具体的教学中提倡智、德、体、美和谐发展的教育，特别从小注意培养对美的爱好，培养融美于心灵的习惯。

柏拉图的学生亚里士多德认为："教育必须基于三个原则——中庸、可能和适当"，"我们也应该考虑一下旋律和韵调及其在教育上的使用。"并提出教育要适应自然、和谐发展以及教育应与人的心理特点相适应的思想。

古罗马著名教育家昆体良著有《雄辩术原理》一书，这既是一本修辞学教程，也是西方第一本专门论述教育问题的系统著作。首先他认为要特别重视练习的作用。其次他认为教师应热爱学生，对学生要多勉励少斥责；在实行奖惩时，要注意分寸；教师还要因材施教；教师应善于回答学生的问题，向不发问的学生提问，这些方面都已触及教学艺术的许多深层次的问题。

欧洲文艺复兴时期，人文主义教育家对教学艺术思想的发展作出了突出的贡献。意大利教育家维多里诺，提倡自由教育，强调个性应愉快活泼地得到发展。在教学中强调师生间的融洽和谐的关系，注重学习方法的新颖，特别注重学生独立性和创造性的培养，尼德兰人文主义者伊拉斯谟主张教师应讲求教学的技巧和方法，特别是教学方法的灵活多样。

综合起来看，这一时期的教学艺术思想有如下特点：

①尚处于理论萌芽阶段，缺乏系统性；

②注重对教学技巧和方法的运用艺术。

2.教学艺术思想的发展期

随着欧洲人文主义思想的进一步发展，教学艺术理论的明确提出已成了历史发展的必然。1632 年捷克大教育家夸美纽斯在其《大教学论》一书中明确提出："教学论是指教学的艺术。"他在教育史上第一个明确提出"教学艺术"概论并对教学艺术的本质、功能和技巧给予系统深刻的理论阐述。他的教学艺术观是一种大概念性的教学艺术观，涵盖了教学的一切活动，更强调教师在教学活动中的主体自由。夸美纽斯的教学艺术思想集中体现在对教学艺术的本质和功能的深刻揭示。他说："我们敢于应许一种'大教学论'，就是一种把一切事物教给一切人类的全部艺术，这是一种教起来准有把握，因而准有结果的艺术；并且它又是一种教起来使人感到愉快的艺术，就是说，它不会使教员感到烦恼，或使学生感到厌恶,它能使教员和学生都得到最大的快乐;此外,它又是一种教得彻底,不肤浅,不铺张,却能使人获得真实的知识,高尚的友谊和最深刻的虔信的艺术。"从中我们可以看出:夸美纽斯将教学艺术的本质说成是"把一切事物教给一切人类的全部艺术"。他强调了教学艺术的目的性和审美性,同时认为教学艺术应该有三大功能:教学艺术能保证教学的效果,教学艺术能使师生得到愉快的情感体验,教学艺术能促进学生全面发展;他对教学艺术的具体运用作了系统阐述:

(1)直观形象原则

文艺复兴以来,一些教育家曾经谈到直观教学问题,夸美纽斯进一步从理论上论证了直观原则,提出了一系列进行直观教学的方法,并从感觉论的立场加以论证,他说:"一切知识都是从感官开始的。"他认为教学应从观察实际事物开始;在不能进行直接观察时,可以使用图片或模型,把学校从"文字教学的绝境中引导到认识生活,认识周围世界的广阔道路上"。注重人的感性直观认识,强调教学中教师要运用形象教学法。

(2)引导学习原则

夸美纽斯反对强迫学生去学习功课,强调引导学生自觉自愿地进行学习,主张教师要想方设法去激发学生求知的愿望。

(3)系统渐进原则

夸美纽斯认为如果不按照系统性原则去分析处理教材,而零星地、杂乱地去教学,学生对知识的联系性就会理解得不够,教师在教学中遵循系统性原则的具体表现是要循序渐进,不要跳跃前进。

(4)巩固量力原则

夸美纽斯认为教学要适应学生的年龄特征和接受能力,不能用抽象教材,僵化的教学方法增加学生的心理负担,要量力而行,他说:"一切教学科目都应加以排列,使其适合学生的年龄特征,凡是超过了他们理解的东西,就不要让他们去学习。"他认为理解性的教学有助于知识的巩固,因为只有理解了的知识才能记住,他还强调要经常地练习和复习。

夸美纽斯系统地提出了教学艺术思想后,还有一些教育家从不同层面继续发展着教学艺术思想,如英国教育家洛克就认为教师在教学中要注意集中学生的注意力和师生关系;法国教育思想家卢梭在其《爱弥儿》一书中指出:"教育的艺术是使学生喜欢你所教的东西",还要"培养他有爱好学问的兴趣,而且在这种兴趣充分增长起来的时候,教他以研究学问的方法",他强调教师要关注学生将来的发展。

这一时期教学艺术思想有如下特点:

①明确地提出了"教学艺术"的概念,并广泛运用于教学实践。

②研究范围不断扩大,涉及教学艺术概念许多深层内容,并吸引心理学研究成果。

③教学艺术思想更加注重人的发展,走向现实生活。

3.教学艺术思想的成熟期

在现当代,随着各学科的融合性增强,在科学性思维推动下教学艺术思想不断走向成熟,也更具教学指导性。它的成熟性,主要体现在下列教育家的教学艺术思想中:

美国著名教育家杜威认为:"要使教育过程成为真正的师生共同参与的过程,成为真正合作的相互作用的过程。"并强调"教学的艺术,一大部分在于使新问题的困难程度,大到足以激发思想,小到加上新奇因素自然地带来的疑难,足以使学生得到一些富于启发性的立足点,从此产生有助于解决问题的建议。"并具体提出了"从做中学"这一基本原则,他认为,儿童应该从自身的活动中进行学习;教学应该从学生的经验和活动出发,采取与儿童在校外从事活动的类似形式。在教学过程中,杜威强调要能唤起儿童的"思维",并提出了培养学生思维能力的"教学五步"。

著名的永恒主义教育代表人物罗伯特·赫钦斯认为最佳的教学方式应是讨论式的研讨会,他说:"批评、讨论、发问、辩论——这些是人类真正的教学法。教学如产婆,是一种合作的艺术。"莫蒂默·艾德勒则进一步认为:"一个人要和别人交流好思想,他必须懂得怎样接受而且要能掌握工具以产生预期的效果。……当教师自己没有受教的艺术时,他们不能成为很好的教师。"他甚至认为:"凡是没有艺术介入的地方,我们就不能正确地称之为教育,"他们都非常重视教师教学艺术的运用能力。

美国"教学机器之父"斯金纳1954年的著文《学习的科学和教学的艺术》,为美国教育的程序教学法奠定了基础。他认为学习是一门科学,教学是一门艺术,即如何将学生和教学大纲结合起来的艺术,教师的作用是一个监督者。

美国学者吉尔伯特·海特于1951年出版的教学专著《教学艺术》标志着教学艺术开始成为一门独立的学科。他在书中明确提出:"教学是一门艺术而不是科学。"因为"教学包括感情和人的价值,而感情是不能被系统地评价和运用的,人的价值也远远超出科学的范畴。"这是对美国当时盛行的科学主义教学思想的批判。

美国学者克莱德·E·柯伦在其名篇《教学的美学》一文中认为:"达到了某些要求的创造性工作便是艺术。"提出教师要"能成为艺术家,人类关系的艺术家,成为人的问题这个艰难领域中的美的创造者"。并具体指出教师可以在通过观察各类艺术家的基础上优化课堂教学的方法,以保证自己的工作富于创造性。

苏联著名教育家马卡连柯对教学艺术理论的建构和实践都作出了具大贡献,他认为:"教育纯粹是一门艺术。"并认为教师的教学艺术水平是可以通过训练和学习得到提高的。他说:"教师的技巧并不是需要某种特别天才的艺术,但这是需要教导的一种专门技能,正如教医师学习他的技术、教音乐家学习他的技术一样。"

另一位苏联著名教育家苏霍姆林斯基曾在其著作《教育的艺术》中系统表述自己的教学艺术观,他认为:"教学和教育过程有三个源泉:科学、技巧和艺术,谁要领导好教学和教育过程,谁就要精通教学和教育的科学、技巧和艺术。"他强调教师掌握教学艺术的重要性,并对教学艺术的功能作了描述,他认为:"教学和教育的技巧和艺术就在于要使每一个儿童的力量和可能性发挥出来,使他享受到脑力劳动中的成功的乐趣。"

此外,还有相当一部分教育家也曾对教学艺术思想做过深入研究,这里我们不再详细介绍了。

这一时期的教学艺术思想具有如下特点:

①教学艺术研究的层次越来越多,范围越来越广;

②教学艺术的研究更具理论性和系统性;

③教学艺术的研究越来越和人的发展、人文关怀联系在一起。

二、教学艺术的功能

(一)效益功能

从宏观的角度考察,教学艺术的运用根源于人们优化具体的课堂教学实践,是全面提高教学效果的需要,后来逐渐发展成为教师进行具体教学实践的一种理性自觉。通过教学方法的优化选择组合,可大大提高教学内容传达的有效性和透彻性;通过教学情境的巧妙创设可优化学生进行知识接受的情感氛围,大大提高课堂教学知识的可接受性。因此,教学效益问题是我们正确运用教学艺术的重要逻辑起点,但是要注意不能沦为纯粹追求教学效果的奴隶。

(二)审美功能

18世纪的英国艺术家越诺尔兹认为:"我们所从事的艺术以美为目标,我们的任务就是发现而且表现这种美。"具体到教学实践,教学艺术就要适应现代教学的审美追求,就要努力寻找教学内容的美和用各种有效手段来表现这种美。因此,成功的教学应是艺术性的教学,能给人一种美的享受,富有教学艺术的教师在教学中能自觉地利用一切教学手段和教学情境培养学生的审美观念、审美情趣、审美理想、审美情感和审美能力。但我们应当意识到教学艺术所产生的功能绝不是教学活动中的伴生物,它是教学价值的应有之义。教师在教学活动中必须借助一切手段发现、表现、培养学生美的情感,可以说,教学艺术的审美功能从美学意义的角度表现了教学本质的内在要求,这在当今应试教育的氛围下无疑为素质教育的真正回归注入了应有的价值要素。

(三)促进功能

教学艺术能有效吸引学生注意力、激发学生的学习动机和引起学生的学习兴趣,并调动一切非智力因素参与学习过程,进而促进学生对教学知识的掌握和运用知识能力的提高。因为教学艺术的高超运用能使学生的思维、心理、生理均处于一种活跃的状态。其中最重要的是有效地激发了学生的学习动机。学习动机是学生学习的内驱力,对学习有三种主要功能,即指引学习方向的功能、集中注意力的功能和产生学习动力的功能。在教学实践中,教学艺术水平高的教师通过优雅、亲切的教态、生动幽默的语言、准确精练的讲评、具体可感的实物形象、巧妙的教学手段来刺激学生学习的动机,并最终优化教学效果。

(四)愉悦功能

正如美国教育家吉尔伯特·海特所说:"如果我们不能获得一声发自内心的笑,那么这一天的教育教学就白费了。"他所说的"获得一声发自内心的笑"实际上就是指教学艺术的愉悦功能。艺术性的教学能带来心灵的愉悦,使血液中分泌出有益健康的化学物质,调节生理节奏,使大脑得以积极的休息,有利于学生身心健康。教学艺术的愉悦功能激发的是学生愉快、欢悦的情感体验。这种情感体验既是一种心理活动,又是一种生理活动,它必然会影响到人的心理、生理的发展。从人性关怀的角度反映了教育的本质要求。

"教学是一门艺术"的思想经历了一个由经验的、自发的状态渐变为理性的、自觉的状态的过程。列宁曾指出,进行科学研究"最可靠、最必需、最重要的就是不要忘记基本的历史联系,考察每个问题都要看某种现象在历史上怎样产生,在发展中经过了哪些主要阶段,并根据它的发展去考察这一事物现在是怎样的"。因此,我们必须将教学艺术思想的发展研究作为教学艺术研究的重要内容,从历史的角度思考教学艺术的本质内涵,这就需要我们对教学艺术思想源流做一历史的考察。

有些教师发出慨叹:教学太繁重、太枯燥,于是厌教、弃教。而一些教师却从教书育人的感受中悟出:教学虽苦,但苦中有甜。不难发现,后者能够在教学中不断形成教学艺术,以满腔的热忱对待工作和学生,善于创造美的教学氛围,在教学方法上能够不断创新,表现出很好的教学艺术形成功效。教师形成教学艺术对发展自己,实现人生价值,更好地完成自己担负的责任,形成自己的职业认同,体验教师职业美具有十分重要的意义。

三、教学艺术形成的意义

(一)教学艺术形成有利于丰富教师发展的内涵,提升教师发展的层次

1.从教师发展的目的来看,教师一般发展对于一些教师来说具有一定的功利性,如为了提高学生的应试能力,为了职称晋升等。这种发展目的不利于教师实现真正的发展。教学艺术形成的目的是实现教师长期的、有计划的全面发展,任何一种单一目标,如教学技能的提高都不能实现教师的全面发展。

2.从教师发展内容上来看,一般发展只强调某一个侧面,或重视观念的转变,或重视技能如表达能力、板书能力等的提高,或重视方法的提高等。发展内容比较单一,那么在实际运用中的效益也就不会明显,反过来又会影响教师发展的积极性。因此,教师应当对自身发展的内容体系有所理解,这可以帮助他们搞清"发展什么"。

3.从教师发展的方法上来看,发展方法解决怎样发展的问题,也是十分重要的。传统意义上的教师发展缺乏科学的方法,原因在于我国理论界对教师的发展问题关注得不够,在实践上,许多教师固守经验主义。教学艺术形成的发展方法比较明确:第一,要形成教学艺术,就必须研究教学科学,这需要教师建立一种研究——反思型方法;第二,要形成教学艺术,还必须确立系统——创新型的方法;第三,要形成合作——交流型方法。

（二）教学中的创造行为使教师感受到自身价值的真正体现

艺术化的教学要求教师坚持"教必有法"的原则性与"教无定法"的灵活性的统一，"有效教学的目的是让学生知道如何运用其认知能力，简单地说，有效的教师培养富有独立精神的学习者"。"独立精神"最主要的成分是创造性。教学艺术是实现这种目的的最佳选择，创造性人才的培养离不开创造性教学。优秀的教学一定会使教师的创造性得到很好的发挥。

（三）教学艺术的形成有利于教师更好地完成自己的责任

当代教师至少面临三项主要责任：一是岗位责任，就是爱岗敬业，为人师表，这是教师职业的本质特征；二是社会责任，教师有责任把学生教育好、保护好、培养好，有责任让家长放心、满意，有责任促进和谐社会的构建；三是国家责任，我国现代化建设的宏伟目标要求将沉重的人口负担转化为巨大的人力资源，这个转化工作主要依靠教育来承担，这是广大教师和教育工作者对民族、对未来所肩负的重要责任。

为了很好地完成教师的岗位责任、社会责任和国家责任，教师就应该努力提高自己的教学水平，教学艺术形成更能顺利完成教师的这三种使命。

（四）教学艺术形成并运用可以让教师体会到教师职业美

马克思说过，在选择职业时我们应该遵循的主要指针是人类的幸福和自身的完善。教师职业的美是从事教师职业者对它的一种良好的感受与体验。不同的人会有不同的体验。

教师职业美的主观感受是与教师在这种职业中的审美创造密不可分的。教师职业是教师在教育实践中进行审美创造的结果。当然，教师职业美的创造也不是随心所欲、天马行空的，它建立在教师自身专业素质提高的基础上，建立在他们对教育科学与教学艺术把握的基础之上。从这个意义上说，教师的教学艺术形成是他们体验教师职业美的重要前提。

在教学艺术的运用中，教师把自己的德、识、才、学、知、情、意、行统统融入到自己所创造的教学美中去，使教学达到最佳的境界。在教学美的创造过程中，教师会感受到一种职业美，一种幸福感。这种在教学中体会到的乐趣,会使教师对自己所从事的工作充满信心。

四、教学艺术与新课程标准

（一）新课程标准的实施

2001年,教育部颁布了新的全国义务教育阶段各学科的课程标准。2003年,教育部又颁布了全国普通高中各学科的课程标准。从此,我国从小学到高中的基础教育课程改革均进入了实验阶段和实践阶段。2005年,中小学阶段的各起始年级的学生,原则上全部进入新课程。当前,新课程改革已成为教育界乃至全社会的时尚话语体系,那么究竟什么是课程标准呢?教育部颁布的《基础教育课程改革纲要(试行)》明确指出,课程标准是国家对基础教育课程的基本规范和质量要求,是教材编写、教学、评估和考试命题的依据,是国家管理和评价课程的基础。课程标准是新课程的重中之重。"课程标准是国家对不同学段的学生规定的通过该门课程的学习,在知识和技能、过程和方法、情感态度和价值观等方面应达到的基本素质要求,是对学生经过某一段之后的学习结果的行为描述。"具体地说,它是通过对各学科的课程目标的具体规定来体现的。课程目标是对学生通过一门课程学习所要达到的目标的高度概括,它为教材的编写提出了总体指导思想和要求。课程目标中的总体目标是概括程度较高的目标,具体目标则是总体目标的进一步细化,更便于教师的操作。

（二）教师教学艺术水平的提高

随着新课程标准的全面推广,围绕着新课程标准的改革也逐步深入,新课程体系在课程结构、内容、评价等方面都有了很大的突破和创新。在这种大背景下,新的教师观、新的教学艺术观急需确立。正如《基础教育课程改革纲要(试行)》指出:"教师在教学过程中应与学生积极互动、共同发展,要处理好传授知识与培养能力的关系,注重培养学生的独立性和自主性,引导学生质疑、调查、探究,在实践中学习,促进学生在教师指导下主动地、富有个性地学习、教师应尊重学生的人格、关注个体差异,满足不同学生的学习需要,创设能引导学生主动参与的教育环境,激发学生的学习积极性,培养学生掌握和运用知识的态度和能力,使每个学生都能得到充分的发展。"那么教师应该如何适应新课程标准的全新要求呢?我们认为核心任务是不断提高教师的教学艺术水平,并且必须以新课程标准作为教师提高教学艺术水平的逻辑起点和价值依托。具体地说,教师在新课程标准指引下提高教学艺术水平应注意以下几个维度。

1.树立新型的师生观

新的课程标准非常强调教学活动的民主化,强调教师和学生在教学过程中的互动。这就要求教师要重新审视自己的角色,改变传统的教育模式,要由传统意义上的知识传授者和学生的管理者转变为学生发展的帮助者和促进者,要敢于、善于接受学生的质疑,建立和谐的师生关系;还要改变传统的师道尊严的观点,要尊重学生,努力实现课堂教学中师生的平等地位,重视师生间的情感交流。

2.建立创新教学理念,实施个性化教学

国家课程标准仅仅是国家对基础教育课程的基本规范。它是我们教学活动的原则性指引,教师必须根据学生实际选择教学方法,要超越和突破固定的教学模式,要研究适合特定群体、特定内容的个性化的教学模式,创造性地发挥自我本质力量和挖掘学生潜力,进行有创新特色的个性化的教学活动。

3.增强教师的课程开发和管理意识

新课程赋予了教师参与课程开发和课程管理的权力。但是,仍然有不少教师维持固有的课程意识,特别是课程开发意识比较薄弱,缺乏课程开发的内驱力。这使得教师教学艺术的运用受到资源利用的限制。

4.加强科研意识,做专家型和学者型的教师

新课程标准强调学生的差异性、教学情境的动态性,教师要善于根据学生个体的不同,教学情境的动态发展选择最优教学方式优化教学活动。因此,教师必须加强教学科学研究,提高自己的专业化水平,做专家

型和学者型的教师。

总之，新课程实施是教师面临的教学大背景，它是我们教师个性化发展的价值需求，这就进一步要求我们教师必须充分运用独特的教学艺术开展教学。

第二讲　新课导入艺术

　　课堂教学的第一个环节便是"导入"。"万事开头难",但"好的开头是成功的一半",导入十分关键,必须充分重视。明人谢榛曾说:"起句当如爆竹,骤响易彻;结句当如撞钟,清音有余。"意指写文章开头要引语不凡,震人心弦;结尾要清亮激越,余音绕梁。写作如此,教学亦然,既要强调导入有方,还要讲究得法。

一、导入及其作用

　　导入指的是在一项新的教学内容或活动开始前,引导学生进入学习的课堂教学艺术,又可称为开讲艺术或开场艺术。

　　古人写文章有"凤头、猪肚、豹尾"和"起句当如爆竹,骤响易彻"之说,授课也应仿效之。就像文章的"凤头"决定全文的走向一样,精心设计的开场白能创设情景,营造气氛,调动情感,激发兴趣,引发思考,充分激发学生的主体精神,发挥学生的主体作用。反之,平淡无味的引言,不仅不能调动学习兴趣,反而会起抑制作用,甚至成为"催眠曲"。可见,好的导语对一节课的成功有着多么重要的作用。具体地说,它可以达到以下目的:①集中学生注意力,引导学生进入状态;②提示教学内容,明确教学任务;③激发学生兴趣,明确目的;④联结前后、新旧知识,做好铺垫;⑤沟通师生感情。

　　导课对一堂优质课来讲几乎是不可或缺的,有经验的老师都十分重视导课,但在现实中有些中学教师对导课并未予以充分重视,反而认为是浪费时间,影响教学;因此在教学中没有导课或者缺少导课的技巧,中学教师往往是采用一种固定的方式开讲,如"今天我们学习……",一上课就让学生感到无味而生厌,根本不能有效地把学生带入到课堂情境中来,殊不知"磨刀不误砍柴功",导课成功是课堂教学的"催化剂",对提高课堂教学效果有直接影响,其目的重在揭示本节课要让学生会些什么,掌握些什么。那么在实际教学中如何才能很好地设计导入语,达到先声夺人的效果?设计导课需要注意些什么?

二、新课导入的基本原则

(一)针对性

课堂教学是一种目的性很强的活动,导入新课必须目的明确,围绕教学主题展开。因此,中学教师在设计导入方式时必须要有针对性。

其一,要针对教学内容而设计,使之建立在充分考虑了与所授教材内容的有机内在联系的基础上,而不能游离于教学内容之外,使之成为课堂教学的赘疣。

其二,要针对学生的年龄特点、心理状态、知识能力基础、爱好兴趣的差异程度来设计。比如小学一二年级,最好多从讲点故事、寓言,做点游戏入手,对中学生多从联想类比、启发谈话、设置疑难入手等。总之,具有针对性的导课能很好地满足学生的听课需要,达到提高课堂教学有效性的目的。

(二)简洁性

莎士比亚曾说:"简洁是智慧的灵魂,冗赘是肤浅的藻饰。"课堂导入是一节新课的引子,从结构来看它只是一堂完整课的一部分,时间上不能占据太多,一般在 3 分钟左右,不要超过 5 分钟。选择的材料要精当,三言两语就能引到主题上来,千万不能为了显示知识丰富而海阔天空胡吹神侃,导致失去方向,最后可能不得已"刹车",却发现已离题万里。艺术性的导课,必须争取在较短的时间内,用最精练的语言,达到事先预设好的目标。

(三)趣味性

俗话说:趣味趣味,既有情趣,又有意味。任何导语,光有情趣而没有意味只能使学生哄堂大笑,而笑过之后什么也没留下,这种导课只是插科打诨,毫无意义;因此,新课导入要做到情趣中富含生活哲理,只有如此,才能唤起学生在笑声中不由自主地思考,也只有这样才能使学生折服而全身心投入课堂教学,对中学教师的言语才会形成兴趣和注意,教学自然会顺利得多。

(四)启发性

苏霍姆林斯基曾说:"如果老师不想办法使学生产生情绪高昂和智力振奋的内心状态,就急于传授知识,那么这种知识只能使人产生冷漠的态度,而使不动感情的劳动带来疲劳。"因为积极的思维活动是课堂教学成功的关键,所以教师在导入新课时要注意运用启发式教学激发学生的思维活动,有效地引起学生对新知识、新内容的热烈探求。

三、新课导入艺术的方法

新课导入方法多种多样,古今中外优秀教师在这方面已经积累了丰富的经验。导入新课是中学教学中极其重要的一环,也是一堂课成功的起点和关键。教师讲课导入得好,不仅能吸引住学生,唤起学生的求知欲望,而且能燃起学生智慧的火花,使学生积极思维,勇于探索,主动地去获取知识。反之学生很难马上进入角色,学习不会积极主动,教学就达不到预期的效果。因此,在课堂教学中,一定重视教学伊始的导入艺术。而运用多媒体,不仅能优化新课的导入,节省板面。而且会收到事半功倍的效用。

课堂教学是一门艺术,而课堂导语更是艺术中的艺术,常言道,良好的开端是成功的一半,可见"导入"是课堂教学的重要环节之一,每一节课开场白的好坏,直接影响到课堂的教学效率。一节课有一个良好的开端,就像唱戏时的开头锣鼓,未开场先叫座,这样才能抓住孩子们的心,吸引学生的注意力,营造良好的课堂气氛,使学生的学习情绪迅速达到最佳状态,从而达到优化教学过程的目的,提高课堂效率。

1.图片导入法

利用多媒体导入图片,通过问答的方式导入。

2. 问题导入法

直接向学生提问,设置悬念,使学生迅速进入课文,并有一种"欲知详情,请看课文"的心情。

3.背景知识导入法

通过有关的背景知识,历史故事导入。

4.视听导入法

播放视频,使学生近距离接触所学内容,极大地激发学生的学习热情。接着让学生自由发表自己的感受。

5.音乐欣赏导入法

播放歌曲,引出课文主题。

6.事实新闻导入法

选用相关的新闻报道,让同学们进行讨论。

7.猜谜导入法

8.温故导入法

一些与学过的知识有密切联系的新课题,应尽量采用联系旧知识的方法,使与新课题有联系的旧知识在学生的头脑中重现,然后,对旧知识的形式或者成立的条件作适当的改变,引出新课题。

【例】中学数学教学中,讲解分式方程时,可先复习分解因式,然后提出,解方程的步骤,由此导入新课。

9.开门见山导入法

这是直接点明要学习的内容,即开门见题。当一些课题与学生学过的知识联系不大、或者比较简单时,可采用这种方法、以便使学生的思维迅速定向,投入对新知识的探究、学习中。常见的是"上节课我们学习了……,这节课我们学习……"或"这节课我们学习……"等形式。

【例】讲正方形时,我们在小学已经识别了图形,现在我们来研究它的性质。这样导入新课,可达到一开始就明确目标,突出重点的效果。

10.归纳导入法

归纳导入法是通过对一类数学对象进行不完全归纳来导入新课的一种方法。这是数学导入的常用方法之一,如传统教学,一支粉笔一块黑板,会占去板面大部分空间且不能移动。但利用多媒体,会省时、省力,增加容量,也便于学生比较观察。

【例】数学教学中,引入平方差公式时,可利用多媒体出示一组多项式乘法练习。

(1) $(x+1)(x-1)=?$

(2) $(x+2)(x-2)=?$

(3) $(a+1)(a-1)=?$

(4) $(2a+b)(2a-b)=?$

(5) $(4+a)(4-a)=?$

11.悬念激趣导入法

课本不可避免地存在一些缺乏趣味性的内容,这就要求中学教师有意设置悬念,使学生产生探求问题奥秘所在的心理,即"疑中生奇",从而达到"疑中生趣",以激发学习兴趣,多媒体在这方面的运用,能得到充分的体现。

【例】讲一元二次方程根与系数的关系时,可利用多媒体提出问题:"方程 $3x^2-x-4=0$ 的一个根为 $x_1=-1$,不解方程求出另一根 x_2",解决这一问题学生感到困难,教师可点击出判断:"由于 $\dfrac{c}{a}=-\dfrac{4}{3}$,所以 $x_2=-\dfrac{4}{3}\div(-1)=\dfrac{4}{3}$,请同学们验算。"当学生确信答案是正确时,就激发了学生的好奇心理,使之处于一种"心欲求而尚不得,口欲言而尚不能"的进取状态。学生都急于想弄清"为什么?",此时教师接着说明"一元二次方程根与系数之间存在一种特殊关系,我是据此求 x_2 的,这正是我们今天所要学习的。"短短几句话,就激发了学生的求知兴趣,尤其利用多媒体,可极大地调动学生的积极性。

当然,设置悬念要注意适度,不"悬"学生不思即解,达不到激发学习热情的目的,太"悬"学生望而生畏,百思而不得其解,也不会收到好的效果。

12.生活实例导入法

由于科学知识起源于日常生活和生产实际,而生活实例又生动又具体,因此教者可通过在实际需要中的应用引入新课,尤其是利用多媒体,可使学生对比较抽象的概念等"看得见,摸得着",例如,讲直角三角形时,可借助多媒体,播放一些片断并给出字幕问题"能否不上树就测出树高,不过河就测出河宽? 不接近敌人阵地就能测出敌我之间的距离?……"要想能,就得认真学习今天所要讲的课——解直角三角形。教师短短几句话,就激发了学生学习的兴趣,同时也符合学生心理,能点燃其对数学爱的火花。

13.引趣导入法

新课开始,巧妙地设置问题,使学生产生悬念,以引发学生的兴趣作为课堂教学的开头。

【例】教师在讲圆的概念时,一开头就问:"车轮是什么形状?"同学们觉得这个问题太简单,便笑着回答:"圆形!"教师又问:"为什么车轮要做成圆形呢? 难道不能做成别的形状? 比方说,做成正三角形,正方形等?"同学们一下子被逗乐了,纷纷回答:"不能,因为它们无法滚动!"教师再问:"那就做成这样的形状,(教师随手在黑板上画了一个椭圆)行吗?"同学们始觉茫然,继而大笑起来:"不行! 这样一来,车子前进时就会忽高忽低。"教师再进一步发问:"为什么做成圆形就不忽高忽低呢?"同学们一时议论开来,最后终于找到了答案:"因为圆形车轮边缘上的点到轴心的距离相等。"由此引出圆的定义。

14.引文导入法

在导入新课时,恰到好处地引用相关的引言,会收到扣人心弦的效果。

【例】导入《理想》这课,这样设计:理想,一个诱人的字眼。词典上说,是对未来事物的想象和希望。列夫·托尔斯泰说:"理想是指路明灯。没有理想,就没有坚定的方向;而没有方向,就没有生活。"恰值花样年华的我们,该怎样用理想做帆,乘长风破巨浪,以一柄木桨,引领生命之舟驶入金色港湾? 今天我们赏读流沙河的《理想》,共同唱响理想的赞歌。

15.激情导入法

情感具有很强的感染性,开课之始,如果老师能通过自己激荡的情感激发学生学习的热情,往往会收到好的效果。

【例】教学《美丽的小兴安岭》,教师可饱含深情的这样导入:"我们祖国山川锦绣,幅员辽阔,老师和大家曾去过南海上的西沙群岛,欣赏过它的美丽与富饶;游览过河北的赵州桥,惊叹过它的坚固和美观;看见过庐山的瀑布,感受过它的雄伟与壮丽。在祖国的东北有一座山脉叫小兴安岭,小兴安岭几百里全是森林,那真是美极了,今天让我们一起去东北的小兴安岭,感受大自然的神奇和瑰丽,领略它的美丽与富饶吧!"教师简短而又富有激情的几句话很快缩短了学生与教材的距离,激起了学生的学习热情。

16.媒体导入法

根据课文内容创设出形象生动的情境,能使学生不由自主地调动多种感官,集中学生的注意力。因此在导入新课时,根据课文内容和孩子的年龄特点,运用现代教育媒体,借助歌曲、画面等媒介,把抽象的事物形象化,调动学生的学习积极性。

【例】教学《秋天》时,先出示 CAI 课件,(背景音乐:《在希望的田野上》。突出秋天是丰收的季节,更是洋溢着欢乐的季节)激动人心的画面,催人奋进的歌曲,给孩子们身临其境的感受,我以此为契机说道:"提及秋天,我们会自然联想到硕果挂枝、粮仓满溢、农人欣慰的笑容。的确,秋天是一个成熟和收获的季节,因为土地是真公允的,'一分耕耘一分收获',是秋天用收成证明着播种者的品质。现代诗人何其芳以他敏锐的诗心捕捉、绘写出了秋天的风采。今天,就让我们一同走进《秋天》,体味动人的秋之魂。"这样导入新课为学生创设形象、直观、生动的情景,很容易把学生带到课文中去,唤起了学生的求知欲。

17.讨论导入法

早在两千多年前,教育家孔子就说过"知之者不如好之者,好之者不如乐知者"。课题是文章的眼睛,开课伊始引导学生围绕课题质疑,对课文产生了悬念,让学生带着问题去学习,这样激发了学生自主探究知识的兴趣。

18.营造氛围法

苏霍姆林斯基说:"所有智力方面的工作都要依赖兴趣。"学生对学习产生兴趣,才会积极主动进行学习,并把学习当作一种享受。结合所授课文的内容及特点,用谜语或儿歌等形式激趣导入新课,既活跃课堂气氛,拓宽学生视野,发展想象力,又寓教于乐。教学《行道树》,老师先营造一种氛围:炎炎夏日,烈日当头,当你走在城市光秃秃的水泥路面上时,你的感觉是什么? 你最盼望的又是什么? 多媒体显示行道树图片,让学生学习的积极性潜意识地被调动起来。

19.模型展示导入法

模型可以变抽象为直观,因此抽象的知识点配以模型讲解更容易让学生感兴趣,也更容易让学生理解。

【例】化学讲"同分异构体"时,可以向学生展示正丁烷和异丁烷的球棍模型,让学生比较说出两者之间的异同,从而很自然地导入新课内容,同时也使得学生直观认识同分异构体本质上的差别。

20.人物导入法

【例】元素周期表是俄国化学家门捷列夫经过研究提出的,可以从他的生平来引入新课,如我们可以这样引入:"1907 年 2 月份的一天,俄国彼得堡寒风凛冽,温度降到零下二十多度。太阳暗淡无光。街道上到处点着蒙上黑纱的灯笼。长长的送殡队伍,达几万人之多。在队伍最前头,既不是花圈,也不是遗像,却是由十几位青年学生抬着的大木牌,上面画着好多方格,方格里写着各种化学符号——原来,死者是著名俄国化学家门捷列夫。木牌上画着的是化学元素周期表——他一生的主要成绩。也是我们本节课所要讲的主要内容。"从而引入新课。

21.故事导入法

教师通过与本节课内容相关的奇闻、轶事、故事等作为一节课的开始,能活跃气氛,引发学生的学习兴趣。

22.热点导入法

所谓热点,指的是社会生活、生产、高科技、医疗、环保等各方面民众关注的问题。既是热点,学生也必定很感兴趣,而感兴趣就有了学习的动力。

总之,"新课引入"的教学艺术是多姿多态,生动有趣的,在实际教学中,教师课前备课时,一定要为"良好的开端"多下些功夫,从教材、教学设备和学生的实际情况三个方面出发适时选用各种不同的恰当方法,采取丰富多彩的视听手段,努力挖掘"新课引入"艺术的潜在功能,敲好这段"开场锣鼓",使学生有常听常新,常见常异的趣味感,从而激发学生逐步探索的积极性,以便收到"出奇制胜""先声夺人"的效果,有利于课堂教学的全面铺开,有利于教学质量的全面提高!

23.衔接导入法

从教学知识整体结构出发,根据同一类型知识的顺序,承上启下,承前启后导入新课。

【例】学过《老山界》一文后,再讲《草地晚餐》时,教师可用下列导语导入新课:"同学们,在《老山界》一文中我们领略了红军当年爬雪山的英雄气概,今天我们再来看一下红军过草地的壮举。"(板书:《草地晚餐》)

24.布障导入法

在讲授新知识前有意设立小小的障碍,使学生产生"愤"、"悱"的心理状态。适度的障碍自然能激发学生探求真谛的欲望。

25.目的导入法

讲课前先把本课要完成的教学目标说清楚,以求得大家的配合。目前进行的目标教学法大都采用这种方法导入新课。

26.间接导入法

由相关的问题导入新知识的学习。如一位教师讲写作的素材问题,她先给学生一支没有墨水的钢笔,让他写出两句描写春天的句子。那位学生左划右划就是写不出字,着急地说:"老师,钢笔没水怎么写?""是啊!"那位教师点点头,"钢笔里没水写不出字,我们没有素材也写不出好文章。如何积累写作的素材呢? 今天我们就来解决这个问题。"接下来讲课时,学生注意力非常集中。

27.切入导入法

抓住要学内容的某一重点或难点,单刀直入,直插课文精彩部分。

【例】讲授《卖油翁》,可由文章中心——"熟练能生巧"单刀直入。先让学生画圆,连叫了三个同学都画不圆,然后教师拿起粉笔在黑板上画了一个很圆的圆圈,并问:"同样画圆,为什么有的同学画不圆,我却画得很圆?"从而引入"熟能生巧"的中心议题。

28.迂回导入法

先解决一些容易解决的问题,然后再触及教学的重点和难点。

【例】《孔乙己》一文,开头的三段写的不是孔乙己,而是咸亨酒店,这是为什么? 如果直接问学生,恐怕难以回答。如果教师用一段类似的小说描写,说明这是小说中的自然环境与社会环境描写,学生自然就能理解了。

29.铺路导入法

所谓铺路,即根据所学内容,先回顾、复习学过的旧知识,并将此化作一个个的铺路石(也有的叫做架桥),然后过渡到所授知识的讲解上。

【例】有的教师教学"两步计算应用题"时,先出示了这样一道应用题:某班第一天栽树50棵,第二天比第一天多栽20棵,第二天栽树多少棵? 两天共栽树多少棵? 这样导入,可分散难点,降低坡度,使学生容易接受新知识。

30.比较导入法

所谓比较,就是根据新旧知识的联系点、相同点,采用类比的方法导入新课。有的可同类相比,例如,数学课教学分式时,可通过分数导入,教学有理数的四则混合运算时,可通过整数的四则混合运算导入;有的可正反对比,如物理课的左手定则与右手定则,化学课的合成与分解等,均可用正反对比导入法。

31.实验导入法

通过实验导入新课。

【例】中学物理在讲授物体的热胀冷缩原理时,可先给学生演示"喷泉"实验,即通过加热让壶里的水溢出来。然后再导入课文,学生兴趣浓厚,注意力增强。小学自然、中学物理、化学、生物可多采用这种方法。

32.实践导入法

通过让学生亲自参加某种实践活动,来导入新课。

【例】中学物理在讲授摩擦力时,教师先拿出一个盛满米的玻璃瓶放在讲台上,并拿出两根筷子,看谁能巧用筷子把米瓶挪到桌子另一端。有的学生用筷子夹,也有的聪明学生试着用一根筷子插入米瓶当中,最后竟用一根筷子把米瓶提起来。这时教师问:“为什么一只筷子能把米瓶提出来?原来摩擦力帮了大忙。什么是摩擦力呢?它有哪些作用和特点?现在我们就来学习这个问题。”这样导入,学生有亲身感受,学习起来注意力集中,记忆准确。

33.作业导入法

先根据新授课的内容和目标,布置一定的作业,以引起学生的注意,或者使学生产生压力感,让他们急于听教师讲解。语文、数学等课都可采用这种方法。值得注意的是,作业的形式可以多种多样,既可有笔答的,也可有口答的。

34.摘录导入法

讲课前先让学生摘录课文中的重点词语、句子,然后过渡到全文的讲授,这样可使重点、难点突出。

【例】讲授《谈骨气》,可先让学生摘录文中文天祥的诗“人生自古谁无死,留取丹心照汗青”等重点语句,在启发学生理解分析的基础上板书课题,导入新课。这样可以吸引学生的注意力,加深理解。

35.课题导入

直接分析题目的含义,以此导入课文内容的学习。

【例】数学课中的正比例、反比例、近似数,物理课中的《运动和静止》等,均可以采用这种导入法。

36.游戏导入

上课伊始,先组织学生做游戏,再导入对新授知识的学习。如有位英语教师上课伊始,首先让学生按组进行说写单词比赛,要求下一位同学说的单词第一个字母一定要和上一位同学说的单词最后一个字母相同。这样既帮助大家熟悉了单词,又锻炼了学生的思维敏锐力,还为新授单词打下了基础。小学低、中年级宜多采用这种方法。

37.珍闻导入法

通过介绍人世间的珍闻吸引学生的兴趣和注意力。

【例】教学"运动和静止"时,教师首先问学生:"你们听说过用手抓子弹的事吗?"待学生凝神倾听后,教师便介绍起第二次世界大战时,一名法国飞行员在2000米高空飞行时,发现一个小虫在身边飞动,伸手一抓,大吃一惊,原来是一颗正在飞行的子弹。"这位飞行员为什么能用手抓住飞行的子弹呢?现在我们来学习'运动和静止',通过本课的学习,你可以弄明白其中道理。"接下去讲课,学生注意力自然集中了。

38.歌谣导入

歌谣,特别是儿歌,是小学生喜闻乐唱的一种艺术形式。课堂教学中有目的地引入一些儿歌,并加以诱导,可发展想象力和思维能力。

【例】如有位教师讲词语的正确搭配,开始时先念了一首儿歌:"小槐树,结樱桃,杨柳树上结辣椒;吹着鼓,打着号,抬着大车拉大轿;木头沉了底,石头水上漂,你说可笑不可笑?"随着儿歌的结束,孩子们放声在笑,笑声中,已初步体会到正确搭配词语的重要。接下去讲课,效果当然好了。

39.诗词导入

我国是诗的国度。诗,可以兴,可以观,可以群,可以怨。用诗歌来开头,可以增强讲课的韵味和吸引力。用诗词导入,可以引用古今中外现成的名诗、名句,也可以自己编写。

【例】教学"碳酸钙"一课,上课伊始教师可以引用"粉骨碎身浑不怕,要留清白在人间"的名句,也可以自己另写一首:"烈火中,您愈炼愈强,百炼成钢;洁水中,您粉身碎骨,清白依在;楼房里,您身负重压,凝聚砖瓦;马路上,您坦坦荡荡,铺向未来。啊,多么伟大的精神,多么高尚的品格,即使千百万年,人们也将牢记您的名字,石灰——碳酸钙。"诗句虽然有些粗糙,但也另有一番韵味和魅力。

上课伊始的导入艺术的方法还有其他一些,如笑话导入法、录像导入法、幻灯导入法、幽默导入法、形象导入法等等,但最基本的是这39种,其他有的大同小异,我们可以由此及彼;有的形式相近,我们可以举一反三。只要我们勤于动脑,肯于钻研,新颖别致的导入艺术方法是不难设计的。但我们一定要注意导语的科学性、时间性,一定要精练、灵活,不要哗众取宠,更不能喧宾夺主。要紧扣课堂教学中心,简明、实用,这样才能充分发挥导入艺术的作用。

第三讲　课堂教学环节的衔接艺术

古人写文章讲究"起要美丽,中要浩荡,结要响亮",说明文章必须是一波三折,跌宕起伏。课堂教学实际同写文章一样。在结构安排上也要注重错落有致。在课堂教学中中学教师除了要处理好课堂教学各个环节内容的教学外、还要重视环节之间的过渡衔接,这些过渡就好比"桥梁",教师使用各种方法进行过渡就好像"架桥"。艺术的"架桥"往往会使教学水到渠成,自然流畅,下一环节是上一环节的逻辑延伸,上一环节是下一环节的启发性开端。但在实际的教学中,许多中学教师往往对此并没有重视或者虽有重视但没有"架桥"的技巧。

一、课堂教学环节过渡的现状及存在问题

1.吝惜时间懒"架桥"

在教学过程中,有些中学教师认为只要把内容讲清、讲透就好了,没必要花时间去考虑各个环节之间的衔接过渡,以为那是课堂华而不实的"装饰",是浪费时间。因此,一些中学教师为了求快、节省时间与精力,整堂课常常缺少必要的环节过渡,往往只是通过"接下来是……""下面让我们一起看看……第一点是……,第二点是……,第三点是……"等方式敷衍了事地过渡到新的教学内容,使学生感到生硬,甚至是丈二和尚摸不着头脑。

2.千篇一律独木"桥"

在教学内容和环节过渡中,也有一些老师预先在心中设计好了过渡方式但缺乏灵活应对的策略,因此往往表现为"挖陷阱让学生去钻",对

不符合教师心中的预设的答案,教师都予以否定或者用不明确的词语进行评价,此过程中很可能会"泯灭"学生发散的思维,把学生引向唯一标准答案,并且可能使许多学生对问题丧失兴趣而不再保持强烈好奇心。也许当我们中学教师"沾沾自喜"地进入到自己设定的教学轨道上时,猛回头才发现,好多学生已经不再"同步",而心有旁骛地"掉队"了。

3.华而不实装饰"桥"

与上述两种过渡方式不同的是,一些教师非常重视过渡环节的设计,精心地选用了许多材料,为教学内容和环节的过渡做足了功夫,本来设想会很成功地引入下一内容或教学环节,不曾想,准备的诸多材料常常都成了摆设。事实上教师可能只使用了其中的一点点来达到过渡的目的,而大部分的材料都成了华而不实的装饰,甚至成为课堂教学的"干扰源",费力不讨好,反倒降低了教学效果。

由此可见,教学环节的过渡艺术并不是可有可无,也不是随随便便就能处理好,它虽然不拘于一格,但也并非无技巧可取,而是具有相当的技巧性。如在课堂教学的起始环节,中学教师可以通过创设情境、组织学生游戏、设置疑问、讲故事、背歌谣等多种有趣的形式,吸引学生的注意力,把学生引入新课,让学生用最短的时间进入课堂学习的最佳状态,为师生即将进行的思维活动做好心理准备,从而掀起教学的小高潮。

二、课堂教学环节的过渡艺术的常见方式

一堂课作为一个有机的整体,是可以进行分割切换的。一堂课之所以形成一个有机的整体,是因为在这几个方面内容的组合衔接上常常有其独到的妙处——简洁明确、自然得体、紧密连贯。因此,在课堂上起到一种衔接组合作用的过渡语如果说得好,对于提高课堂教学质量,增加课堂教学效益,必将起到有益的作用。

1.直入式。直接导入下面所要讲授的内容,用语简短,干净利落,内容鲜明,入题迅速,给人以清醒的提示。

2.归纳式。将众多的内容及问题进行必要精简、归纳、总结、梳理,以导出重点要讲的内容和问题,进而使课堂教学的目的、任务更为明确。这样的过渡语常常会起到一种纲举目张的作用,它承上启下,带出课堂教学的下一个环节,水到渠成,自然而然。

3.提问式。通过富有艺术情趣的问题,将学生从一个浪尖带到另一个波峰上去,以实现课堂教学内容的转换和课堂整体结构安排的天衣无缝。

4.粘连式。利用语言材料之间的内外联系,通过联想、类比,进行粘连,以起到紧密衔接作用。

课堂过渡语的方式的运用时常不是单一的,一般都是几种方式的并用,由此才显示出中学教师课堂语言的灵活变化;同时课堂过渡语有其自身的特点,就是它的导引性和衔接性。因此,在使用上一定要注意得体自如,瞻前顾后,由此及彼,在"导"和"接"上显真功。

三、课堂教学环节的过渡艺术的衔接方式

课堂教学成功的重要因素之一就是如何处理教学中各环节的衔接问题。在课堂教学设计过程中,我们必须考虑到课堂教学系统中各个环节之间的衔接关系。这个衔接关系应遵循一定的要求,各环节的衔接应贯穿于课堂教学活动的始终,是教学节奏的特征之一。

现将课堂教学各环节的衔接方式归纳为导语衔接、知识点衔接、重难点衔接和深化衔接四种情况。

1.导语衔接

所谓"导语衔接",就是有意识地调动学生的有意注意,使其注意力由其他方面转移到老师设置的教学情景中来,使学生形成合理的认知趋向。教学导语衔接的具体方法多种多样,主要有:

(1)从旧知识出发,引进新课内容,即引入性衔接;

（2）显示预备知识，为攻克难点做准备，即预备性衔接；

（3）新旧知识对比，以引起警觉、防止混淆，即对比性衔接；

（4）针对学生容易疏忽或理解偏差的问题，采取有效措施，以防患未然，即预防性衔接等等。

导语衔接出现于课堂教学的起始阶段，一般用于与教学相关的内容，架桥衔接，导入新课。教师往往通过前后知识联系、引用诗文佳句、使用道具插图、播放音乐歌曲、讲小故事、介绍背景、设疑提问、启发谈话等方法作铺垫，灵活巧妙地衔接到新课内容的教学。这种衔接要求"近"——贴近教学内容，"新"——新颖生动，"简"——简明扼要，"短"——短小精悍。巧妙的导语衔接能集中学生的注意力，激起学生强烈的学习兴趣，从而让学生"高高兴兴地学，有滋有味地学"（叶圣陶语）。

【例】在讲《中国人失掉自信力了吗》可以这样设置：有人说，新世纪的第一年——2001 年是"中国年"，申奥成功、加入 WTO、国足出线等等，喜事不断，中国人感到从未有过的幸福、自豪。然而，七十多年前的中国是怎样的面貌呢？那时的中国人又是怎样的精神状态呢？当时，有一位思想的巨人、顽强的战士，以犀利的目光洞悉着这一切，一次次振臂呐喊，一次次冲锋陷阵，他就是鲁迅先生。今天，我们来学习他的一篇杂文《中国人失掉自信力了吗》（板书课题），看看我们能从中得到什么新的启发，学到怎样的做人、作文的方法。

这样的导语衔接既驱走了学生的课间余兴、集中了学生的注意力，又引起了学生学习本文的浓厚兴趣，起到了投石击浪之效。

2.知识点衔接

这种衔接贯穿于教学内容始终。中学教师常常采用环环相扣的提问或递进式的话语，将教学内容中的各知识点串连起来。这种衔接要求自然连贯、由浅入深、循序渐进。恰当的衔接能将教学内容步步深入，使学生对所学内容易于理解,并逐步接受,体现了教学进度的推进,达到了既激发学生的兴趣,又激起学习的欲望;既沟通了师生间的信息,又促使学生积极的思维,收到事半功倍的效果。

【例1】在讲授鲁迅先生的《孔乙己》时,可以设置这样一组问题:孔乙己是怎样的一个人?他是不是只让大家笑一笑而已?鲁迅先生为什么要塑造这样一个人物?其动机何在?目的又何在?这些问题先易后难,连续展开,是教学内容的衔接,包含了语文教学的要点和关键,体现了教学进程的推进。

【例2】讲授散文《雨中登泰山》时,可以这样导引过渡:"(作者启程登泰山了)你们看到的雨中泰山是怎样一幅景色?过岱宗坊后首先映入眼帘的是怎样一幅奇景?"学生通过阅读,用生动的语言绘声绘色地把第一个波峰(虎山水库奇景)尽情地欣赏一番之后,教师又往前推进说:"尽管黄锦、白纱的美景引人入胜,但'雨大起来了,不得不拐进王母庙后的七真祠'。为什么叫'七真祠'呢?祠中最传神之作是什么?怎样传神?"学生简要地介绍第二个波峰之后,教师又立即过渡:"雕塑的传神之作虽然使我们享受到了艺术美,登绝顶领略无限风光毕竟是主题。让我们继续来到雨地,走上登山的正路。一路行来,从一天门到二天门,沿途见到哪些奇景?"……最后又问:"'会当凌绝顶,一览众山小',绝顶又是怎样的风光呢?让我们带着胜利的喜悦,来欣赏这仙境般的美景。"一堂课就在不知不觉中过去了。

通过富有艺术情趣的问题情境的创设,老师将学生从一个浪尖带到另一个波峰上去,这样就把课堂教学内容的转换和课堂整体结构安排得天衣无缝。

3.重难点的衔接

教师是使学生和教材有效地联系起来的媒介,是教学进程中把学生引向教学目标——重点、难点的向导。教学重点、难点的解决，需要教师为学生架设一座"桥梁"——目标的衔接。这种衔接需要教师选准切入点、突破口，或增加知识的介绍，或举例说明、触类旁通，或将难点化成浅显的几个方面等等，从不同角度引导学生步步深入地理解掌握重点、攻克难点。这种衔接要求深入浅出、有的放矢、达成目标。

【例1】教学《孔乙己》一文，课文最后一句的理解是难点。要解决好这一难点，教者可以从两个方面分别提出若干小问题作为突破这一难点的衔接：

(1)为什么孔乙己是"大约"死了？——①当时孔乙己处在怎样的社会环境里？②孔乙己有着怎样特殊的身份？③哪些人笑孔乙己，为什么取笑他？

(2)为什么孔乙己是"的确"死了？——①孔乙己的两次出场，在外貌、神情、动作上有哪些变化？②为什么会有这样的变化？③孔乙己的必然下场说明了什么？这两组环环相扣、深入浅出的小问题学生不难回答，再将小问题的答案综合起来，难点就迎刃而解了。

【例2】当学生读完课文《雨巷》时，老师质疑："我们感觉到什么了吗？这首诗美吗？是一种什么样的美？"

学生："我们感觉到这首诗很低沉、伤感，充满着愁绪和无奈。我们被这种感觉控制住了。"

老师："心里难受吗？想去安慰一下诗人吗？"

学生："是的，当然。"

老师："有难受感我们就基本上理解了这首诗，而且我们品质良好，有同情心。这首诗很美，为什么让人难受的诗也美呢？我们还能举出曾让我们难受过，但又深深地被它打动过的人、事和作品吗？每个人都有这种体验。不只是让人愉悦的东西才美，让人感伤、感悟的东西有时更具美的力量,大千世界,美是无限丰富的。"经过老师的引导、学生的回答,很自然地将学生的思路由简单的文本解读引入到诗的意境和主旨探讨层面上来了。

4.深化衔接

这种衔接常用于阶段小结或综合阶段。这种衔接可以帮助学生开拓思路,对学生进行发散思维训练和知识迁移训练;可以启发学生理清教学内容的本质,掌握其规律;可以帮助学生巩固、深化所学知识,培养学生运用所学知识的能力。

【例】教学《拿来主义》一文时,结束时教师做了如下的深化衔接:"鲁迅先生如此善用比喻,同学们同样能用。我国改革开放、学习外国的东西必须选择、拿来。假如把我们的国家比成一间大教室,我们要开放、学习可以用什么作比?""打开门窗的目的是什么?""进来的除了新鲜空气,还有苍蝇、蚊子,怎么办?""大家也学着鲁迅先生,应批判什么? 那么正确的做法是什么?"在讨论的基础上最后小结道:"运用新颖形象、通俗易懂的比喻说理,使人易于理解、易于接受。同学们如能运用到文章的写作中,定能文采斐然,妙趣横生。"这位老师的深化衔接就体现了上述三个方面的作用。

总之,要提高课堂教学效益,激发学生的学习潜能,有效控制学生的注意力,使课堂教学各环节间成为密切相连的有机整体,那么课堂教学的各环节间衔接性的设计是不可或缺的。

第四讲 课堂教学管理艺术

一、课堂管理收放自如

最好的管理方法就是少管理。这就要求中学教师做到:在课堂上尽量给学生机会,让学生多参与,营造自由的学习空间,去发挥他们的特长,表现他们的个性。当然,中学教师既要"放得开",又要"收得拢",做到收放自如、有所为有所不为,不能使课堂管理走入另一个极端。

(一)还学生自由的空间

现代教育的核心是给学生自由发展的空间,解放学生的个性,在自由与解放中培养学生的探索精神。在课堂上,要尽量让学生多参与,多给他们创造时机,营造自由学习的空间,想象与活动的空间,去发挥他们的特长,表现他们的个性。

(二)放一点权力给学生

在班集体中,中学老师应该放一点权力给学生。

如果我们经常怕这怕那,不敢放手让学生去策划、组织活动,凡事都亲力亲为,就好像扶着小孩走路一样,怕他摔跤一直不放手,小孩就很难自己学会走路,学会奔跑。

教育中的授权激励就是老师对学生的一种信任。被授权的学生会认识到老师对自己的信赖,从而大大激发他们的创造性、主动性。随着素质教育的不断深入,授权是培养学生主体精神的途径。恰当地对学生进行授权往往能激励学生在学业和品德进步方面的上进心,从而促进学生的全面发展。所以,老师在日常的教育教学中,应该多提供一些机会、多创造一些条件让我们的学生去参与,不要怕他们会失败。

老师的责任除了教给学生知识,更重要的是教他们怎样去做人,培养学生独立、自主的能力,为今后走上社会打好基础。因此,适当地授权可以锻炼、提高学生的自我学习能力,提高学生自理、自主和自治的能力,同时也提高班级建设的水平,使学生积极展现自身价值、锻炼个人综合能力、培养自信心和激发上进心。这是真正的"以学生发展为本"。

因此,我们应当放一点权力给学生,尝试实行学生干部轮换制度,让每个学生都有当干部的机会。当然,老师放一点权力给学生并不等于老师对班级管理撒手不管,而是要采用"有扶有放""扶中放""放中扶"的原则,以增强他们成功的信心。

(三)有所为又有所不为

现今,在一些中学课堂教学中还存在着"计划经济"的影子,教师"包"教得太多,教学工作成为"教"的主体活动,而不是以学生为主。课堂教学中常见的问题是,一些老师太"主动"了,太"积极"了。一堂数学课他能以一种授课方式从头讲到尾,不顾学生是否能够接受,不让学生通过尝试、练习来发现自己对知识的掌握情况、巩固所学的知识。这种"有为"的教学方式,问题多多。

"包"得过多不利于锻炼学生克服困难、独立自主的能力。

一些教师对学生老是"不放心",表现在课堂教学上,教师"包"得过多,"满堂灌";在学生管理上教师的条条框框也很多,这不行那也不行;学生的实践活动中教师的"意见"居主导地位,学生按照老师的要求按部就班地模仿和实施。在这种越俎代庖、"精心呵护"下,学生的思维受到了限制,创造欲望受到了遏制,失去了磨炼意志的机会。毛泽东曾经说过:"要知道梨子的滋味就要亲口尝一尝。"没有亲身的体验与感悟,学生就不会获取成功的经验;没有在艰苦环境下与困难作斗争的经历,学生也就不会磨炼出坚强的意志品质。

过多的"包"透射出教师的过度"有为",而教师的这种"有为"表现在日常教学活动的各个角落中。例如,屡见不鲜的拖堂,似乎这样做是教师尽心尽责、奉献精神的表现。但是,这样做不符合教育规律,不利于学生身心健康,更严重地说是侵犯了学生课间休息的权益,也侵占了下一节课教师的权益,令学生产生厌烦的情绪,所带来的负面影响是明显的。

著名作家马克·吐温有一次听牧师演讲。最初,他觉得牧师讲得很好,很受感动,就准备捐款,并掏出自己所有的钱。过了十分钟,牧师还没有讲完,他就有些不耐烦了,决定只捐一些零钱。又过了十分钟,牧师还是没有讲完,于是他决定一分钱也不捐了。牧师终于结束了冗长的演讲,开始募捐,马克·吐温由于气愤,不仅未捐钱,还从盘子里偷了两元钱。这就是专家所说的"超限效应"。

我想,不仅是课堂教学,在整个学校教育教学活动中,老师与学生之间是否能够建立起一种新型民主关系?老师对学生的"管、卡、压",按照教师本人的说法是出于"好心",或者说是迎合家长的意愿,但是老师的这种"好心"有时并不得好报。很多走出校园的学生在回想他们做学生时,都有喜欢和不喜欢的教师。那种管得太严,方法简单,限制了自己的思维和个性发展的老师,学生是不喜欢的。而那种管得比较宽松,能充分发挥每一个同学潜能的老师是深受学生欢迎的。

(四)中学教师的"无为"成就学生的"有为"

根据新课标的要求,教学应以培养学生自学习惯、自学能力,开发学生智力,培养学生创新精神、创新能力、综合能力为目的,使课堂教学,彻底改变过去那种以教师为中心,学生服从,教师"有为",学生"无为"的被动局面。

教师"无为",即教学中教师"不主动教学",常常处于"无为"的境地,最大限度地让学生处于积极求学的"有为"之中。通过老师高超的教学艺术,看似"无为"的导学方式,使学生达到学习"无所不为"的目的。

人们习惯把学生学习兴趣随着年级升高而呈下降趋势的原因归结为考试指挥棒的诱导。实际上,主要原因在于我们教学方式的陈旧。以教师为中心,以课堂为中心,以课本为中心的"三中心"教学制度违背了教育自由平等的原则。

真正创造性的教学活动,不是教师"给予"式的"教",而应该是师与生之间共同生命的投入,通过师生相互交流、相互影响、相互启发、相互发现与相互撞击，形成一种学生为主、教师为辅的良性的师生双向运动，使学生与教师的创造性潜力在教与学的进程中得到激活与发挥，达到共同的精神愉悦与自由。

那么，在教学过程中中学教师的"无为"怎样成就学生的"有为"呢？

1.淡化知识的系统性，让学生有更宽广的时空在提出并解决问题的过程中吸取需要的知识。

2.灵活使用教材，结合学生实际，给过于臃肿的基础学科知识减肥，避免老师因为赶进度而又恢复"教师主体、学生服从"的传统教学模式。

3."活化"教学目标，使教学贴近生活，善于在教学过程中，根据学生的学习状况动态地设置相应的教学目标。

4.教师要引导学生科学的探究、主动的探索，积极地给学生以充分的肯定。

5.具体教学过程中，要运用教学艺术。

在上述这些教学方法中，教师不仅不是"无为"的，而且将是"无所不为的"。只要教师解放思想，转变观念，辩证地思考这种方法的合理性，就会发现，只有这样的一种对传统教学背逆的方法，才能真正解决我们过去教学实践中主客错位的问题；只有这样，才能把课堂真正还给学生自己。

（五）既"放得开"，又"收得拢"

新课程倡导"课堂应给予学生选择与自由的空间"，这无疑对那种过于强调课堂纪律的传统课堂教学是一个巨大冲击。传统的课堂要求教师严格管理学生，教师是课堂的主人，教师控制着课堂，学生只能言听计从。在这种环境下，学生的思维、个性、身心发展都受到限制。新课程的实施使教师有了改变以往传统的课堂教学与管理行为的意识，但具体到教学实际却总是落实不到位。要么我行我素，要么做表面文章。原因何在？其一，传统的课堂教学与管理的惯性仍主导着教师，但究其深层原因还是我们的学校、教育体制乃至社会环境所致；其二，评价机制的局限使得教师不得不以"分"为本；其三，学生观、教育观、质量观陈旧落后；其四，教师自身素质所限，特别是一些教师的人文素养程度低，不能适应新课程。

改造我们的课堂、建设健康的课堂要落实在老师的教学中,在"放得开,收得拢"中把握好"放"与"收"的度。

在课堂管理中,所谓"放",就应该给学生创造能够展示自我、启迪思维的环境和氛围,允许学生自由想象,不要轻易地否定学生的答案。应该尊重学生的思维成果,改变过去在统一、规范的要求掩盖下,忽略学生个体存在的现象,调动学生主动、愉快学习的积极性。

所谓"收",就应该结合学生学习的需要和教学目标的要求,采取灵活多样的方法,肯定学生创造性思维成果,激励学生的"闪光点",挖掘和点燃学生的智慧火花,并对不同意见和不同结论通过比较与鉴别,引导、矫正学生对问题的认识。中学教师要善于抓住瞬间出现的教育资源并有效地在教学中加以利用。

二、调整好自身角色

中学教师以什么样的态度面对学生,决定着学生的成长;以什么样的行为对待工作,决定着工作的成败。在课堂管理的问题上,教师首先应该调整好自己的心态和情绪,以平等、公平、尊重的态度对待学生,以"对话"的方式取代"问答"的管教模式,注意自己的举止和言辞,充分尊重学生,在管理中不断提升自己的修养。

(一)要"解惑"不要"解气"

古人云:"师者,所以传道授业解惑也。"可见,"解惑"是为师者的一大责任。可是,当今的教学实践中,尤其是在课堂管理中,有些教师的言行分明不是在"解惑",而是在"解气"。

一个教师,必须善于控制自己的情绪,保持清醒理智,以冷静的态度来处理学生的错误。可想而知,在课堂上教师为一件小事便表现得怒不可遏,那么学生的热情又会有多大,学习兴趣又会有多高,自尊心又会有多强,不言自明。久而久之,只会令学生敬而远之,恶化师生关系,影响正常教学。

1.中学教师要用宽容的心态克制自己

切记"人非圣贤,孰能无过"。在某种意义上讲,学生的错误举止是自然而然的事情。教师应当学会换位思考,将心比心,说服自己,宽容和谅解学生,理智地处理问题,赢得学生尊敬。

2. 中学教师要用新型的学生观提醒自己

在学校里令老师大伤脑筋的常是调皮淘气的学生,而这些学生犯错,更使教师不可容忍。遇到这种情况,不妨控制住否定的评价情绪,多在印象中搜寻该生的闪光点,用发展的观点来看待学生,使自己心平气和,对学生因势利导。

3. 中学教师要用转移的方法控制自己

有的教师有这样一种错误认识:用暴风骤雨般的发泄,可解心头之气,得以心理平衡。须知教师的狂怒,不仅使学生挫伤自尊,教师本人也会郁郁不乐,损害身心。建议教师采用转移的方法冷却情绪。

学会制怒,善于制怒是加强职业道德修养的一个重要方面,也是提高教师课堂管理艺术的途径之一。

(二)有些话,少说为佳,不说最好

未成年学生来自不同的社区和不同的家庭,再加上性格差异,品行教养有时差别很大,教师难免遇到乖戾好斗、不知自尊的"刺儿头"。尽管有的教师对自己熟悉的"刺儿头"的品行了如指掌,但有时仍免不了对他们超乎自己想象的"恶行"大动肝火,忍不住把他们大骂一通。

下面看一则失败的案例:

某学生多次不完成作业,教师强压怒火问他:"早上吃饭了吗?"学生不明其意,回答说:"吃了。"教师马上说:"牲口吃了饭还知道干活呢,你怎么连牲口都不如?"

这类羞辱折射出的只是教师的粗鄙,除了加剧师生矛盾,解决不了任何问题。

对于学生的错误,教师发脾气瞪眼,学生还能勉强接受。而教师粗口骂人,在学生心目中立刻就变得一文不值,变成令人鄙视的龌龊小人,教师权威更无从谈起。因此,教师在课堂管理过程中一定要注意自己语言的文明和规范。

(三)你烦学生,学生会更烦你

"这个学生太烦人了,一天到晚不停地问这问那,上你的课不就完了吗？瞎操心干什么？"

"这个学生真讨厌,我一见他就烦,教上这样的学生倒了八辈子霉!"

由以上来自教师的话语可见,部分教师对学生有很强的厌恶情绪。原因大致有五:

一是学生学习不努力,考试成绩差,却爱打扮,被教师斥之"臭美";

二是不遵规守纪,教师好说歹说他就是不知悔改,被教师称为"屡教不改";

三是学习差,又常犯错误,却毫不知耻,被教师认定是"寡廉鲜耻";

四是目光充满敌意,给人感觉内心十分阴暗,令教师见而生厌;

五是长相在教师审美能接受的范围之外,且对教师冷漠疏远,似有很深的成见。

以上情况,不一定仅其中一种表现在某中学生身上,也可能几种情况兼而有之。那样的话,这学生就更令教师厌恶了。

从人的本性讲,都喜欢相貌赏心悦目的,讨厌丑陋狰狞的;喜欢听话顺从的,讨厌忤逆敌视的。这是再正常不过的事情,教师焉能除外？换言之,教师厌恶某个学生,是很正常的事,但教师的职业道德不允许将这种厌恶形之于外,更不允许将它变成歧视性教育行为。

教师与学生在人格上是平等的,教师与学生之间是教育与被教育的关系。这就决定了教师独特的职业规范:不能歧视任何学生,这是二者人格平等所决定的;必须履行自己的教育管理职责,这是二者教育与被教育的关系所决定的。

教师不能平等对待学生,对学生表现出掩饰不住的厌恶,就是把自己降低为被教育者的具体表现。教师之所以是教师,意义就在这里。

像"学习不努力,考试成绩差,却爱打扮,被教师斥之'臭美'"的学生,从人格平等的角度来说,把这个学生置换成一个教学成绩差却"臭美"的教师,教师对她还会目露厌恶吗?显然不会。教师对教师,即使心里厌恶也决不会表露出来,因为二者在人格上是平等的。可是对学生,有些教师就不会这么"收敛"了。但这样很可能导致学生身心的畸形发展。

如果教师懂得尊重学生,同时又具有教育俯瞰水平和教育智慧,会真心和她进行审美交流,探讨她美在哪里,什么色彩和样式的衣服适合她,她会觉得老师和自己有共同语言,这个老师真好。在这个基础上,如果教师再委婉提出希望她不要过分在意穿着,指出她的不足及努力的方向,她起码会把教师的话听到耳朵里。再加上教师方法得当、工作到位,她或许会慢慢向好的方向发展,最终成为让教师喜欢的人。

再说"目光充满敌意"的学生,这种学生确实让教师厌烦。教师的心理是:以前互不相识没冤没仇,你这样看我,从哪儿说起呢?真是讨厌!

这些教师的思维活动不应该到此为止,应该顺着往下推想,才会发现问题不像自己想象得那么简单。我与他无冤无仇,他这样充满敌意地看我,肯定是此前曾遭受过类似于我的人的深深伤害。换句话说,他可能以前遭受过教师的深深伤害,因此对所有的教师都抱有敌意。明白了这一点,教师就应该给他更多的关爱。有人说:教师的工作可以改变一个学生,改变一个人,改变一个人的人生。这话是千真万确的,只是我们当教师的要警醒,我们可以把学生变好,也可以把学生变坏。

中学教师登上讲台之后,应尽快调整角色,用教育者的眼光重新看待眼前的学生。当觉察到自己对某些学生已经产生厌恶感的时候,千万要提醒自己,不要忘记自己教育者的身份和职责,切忌对学生冷眼恶言,造成不应有的恶果。

三、加强课堂管理制度的建设

课堂制度的建设是维持正常的课堂教学秩序,提高课堂的教学质量,树立良好的教风、学风的前提。课堂教学需要教师和学生之间建立一种"契约式"的课堂规矩,即使是探究性的学习也不能忽略对学生的约束。只有这样,才能保证课堂教学朝着平稳有序的方向进行。

(一)没有规矩就不成方圆

课堂是进行教学的场所,为了保证教学活动有条不紊地进行,必须有一个统一的课堂规范,并使其固定化,具有相对稳定性,积极、正向、有序的课堂规则能规范课堂行为,维持课堂秩序。

课堂规范应是课堂管理的依据,明确课堂规范要结合本班情况制订班级学习制度、纪律要求等,有了目标,中学生自我约束才有方向,自我管理才有章可循。制定规范时应考虑到中学生的实际及教学活动正常进行的必要性,这样的课堂规范才会起到预想的约束作用。课堂规范一旦形成,就对集体成员产生了普遍的约束力,但只有在学生理解这些规范的基础上,他们才会自觉地遵守规范。因此,从学生入学时起,中学教师就应让其了解规范及其必要性,使学生在正确认识的基础上逐渐形成符合规范的行为习惯。

(二)第一节课与学生订下规矩

作为中学教师,尤其是新教师,第一节课对其未来一段时间的教学活动顺利与否有着重要的影响,因为新教师在第一节课上的一举一动,都体现着这位教师是否真正具有管理学生的能力。

新教师第一次走上讲台,常见的行为倾向概括起来有三种:一是以"凶狠"为主基调,一是以"和善"为主基调,还有一种是不在意是否"凶狠"或"和善",上来就单刀直入讲开来。

以"凶狠"为主基调的新教师,认为学生都是"欺软怕硬"的主,所以第一堂课就试图给学生一个"下马威"。他们黑着脸走上讲台,令下面的学生惧怕。若有学生犯颜违纪,他们就拍桌子瞪眼,提高嗓门厉声训斥并警告说:"以后谁上课乱说乱动,别怪我不客气!"目的是"杀鸡骇猴",以此来警告那些潜在的"捣乱者"。

以"和善"为主基调的教师,对教科书上强调的"爱的教育"理解较为肤浅,误认为始终"和颜悦色"就是"爱学生"。于是在讲台上笑容可掬,自我介绍之后，和蔼地对学生说："我愿做同学们的知心朋友，希望大家能喜欢我。"这时有学生调皮接话，哪怕是表现出十足的不敬，他们也只是和善地提醒学生"这样不好，希望以后不要这样"。于是乎，课堂秩序越来越糟。

还有些新教师既不倾向"凶狠"，也不在乎"和善"，认为只要把课讲好了，学生自然会集中精力，保持良好的课堂秩序，所以在简单的自我介绍之后就让学生打开课本，进行教学环节。

以上三种教师的做法都不值得提倡，第一种过于严厉，第二种过于宽爱，第三种把教学与纪律的关系看得过于简单。这三种做法的共同点是没有和学生立下规矩，第一种把恐吓当作规矩，实际上还是没有规矩；第二种把"口头提醒"当作规矩，实际上也是没有规矩；第三种干脆就没有规矩。

俗话说："没有规矩不成方圆。"不订立规矩，说明某些新教师对学生缺乏实际的接触，不了解学生的实际情况，不明白规矩在学生管理中的重要作用，因而缺乏统一细致的教学管理制度构想。这些新教师往往是在学生出了问题之后才仓促处理，处理尺度或宽或严。或宽或严必然"不能服众"。"或宽"，只能致使问题越来越多，学生越来越难管理。"或严"，只能将学生压服，结果是压而不服，或者是压得学生泯灭了灵性。

所以说，新教师第一次走上讲台，不必急于讲课，应当和学生共同订立有关规矩。

"准备"则要求学生每天按规定携带教学用具和材料，并且完成家庭作业。一旦上课，学生不得返回走廊内的储物柜取任何东西。老师不接受晚交的作业，但是接受部分完成的作业，当然相应地只给部分分数。

"有礼貌"要求学生不得打断教师或者其他学生的演讲。为了避免打断教学并在全班讨论和教学时照顾到每个学生发言的机会，学生必须举手，获准后方可发言。但是老师并不限于提问自愿发言的学生，每名学生都有可能随时被提问和发言。这条规则还要求学生在教师和其他学生发言时认真倾听,他人发言时不得削铅笔或者发出干扰的声音,这样能够帮助学生学会换位思考和尊重他人。

当然,国有国情,地有地情,校有校情,不可能有统一的制度。另外,中小学生的年龄悬殊,小学一年级学生的制度制订方式肯定与初中一年级不同。照顾到不同年龄段学生的认知水平和行为特点,制度制订时教师的语气语调当然也不同。至于是否在一节课内全部完成,也要根据实际情况来决定。"一切从实际出发",是班级教学制度制订必须遵循的原则。

(三)把契约引入课堂

班上有些学生或爱调皮捣蛋,惹是生非;或注意力不能集中,课上屡屡分心,经你苦口婆心地教育后,学生也痛下决心,誓言改正,可好习惯保持不了三两天,老毛病又犯了。美国教师对付这种情况有一条新的锦囊妙计——订立契约,就是以口头或书面的形式规定师生双方的相互义务,指出学生在执行或未能执行契约要求的具体行为时,应得的奖励或惩罚。契约的形式多种多样,有效时间可长可短,要因人而异,重要的是要让学生明白无误地理解契约的目标和要求。如果经检验,契约对纠正个别学生的不良行为确实有效,还可以把这种课堂管理方式推广到全班,制订集体契约。

运用契约已被认为是一种非常成功的行为矫正方法,特别是在中学阶段使用有独特的效果。运用"订立契约"的方法,要求教师通过契约明确地指出哪些工作或哪些行为必须在什么时候完成,同时契约也指出了如果学生如期完成工作或表现良好,教师的奖励是什么。契约的订立能形成一个合法、承诺和负责的气氛。学生和教师在相互同意的前提下在契约上签字。有时候,父母也可以和学生一起签字。

有这样两个成功的案例:

【例1】小华总是忘记带老师上课要求带的东西。老师就和小华订了个契约,小华同意每天都会带课本、笔、作业本到学校。如果他每天都带,一周可以得到五点。累积到十五点,就可以在老师收集的笔中,挑一支最特别的笔。

【例2】在一次家长会上，某教师当着学生的面向家长反映该生不足时，家长生气地对孩子说："从小学到中学，我听到的尽是告状，就没有一句表扬。"而孩子对此，一脸漠然。此刻，教师意识到，这个家长对自己的孩子已是完全丧失信心，而孩子面对指责也已麻木。必须从另一个角度来帮助这个孩子树立自信。等家长走后，教师便与学生谈心，了解到，该生在小学确已是被批评惯了。于是，教师便和学生约定：从此刻做起，只要学生能保证一周内在课堂上遵守纪律，教师便书写一封表扬信给他家长。学生想了想，心有所动，终于答应下来，而且还一再嘱咐，不能打电话，必须是表扬信，他是怕电话中又扯出他的缺点。

接下去的一周，这个学生努力改正自己的老毛病，虽距离教师的要求还有一段差距，但明显有进步。学生本以为教师不会写表扬信了，但教师决定还是写，而且写完后还让学生看了，并交给学生让他带回去。学生此刻的心情可想而知。教师趁机再对他提出下一阶段的要求，你完全可以想象这个学生此时高兴的心情，并相信他对自己以后的进步树立起了坚定的信心。

对中学生而言，契约是类似于法律的术语，学生乐于通过正式打印出来的契约的方式来约束自己的行为。也正因如此，学生会十分认真地对待契约，契约才有约束力。而且，通过契约，还可以激发学生的学习热情，提升学生的自信心。作为教师，何乐而不为呢？

四、把握好课堂管理的第一步

（一）"良好的开始是成功的一半"

中学教师应及时调整好自身角色，了解好学生和教材，充分做到心中有数，为上好第一堂课打下成功的基础。此外，中学教师还应把握好课堂的教学秩序，尽量减少自己的课堂失误。

（二）一分钟也不要拖堂

下课铃响了，教师仍然继续进行教学活动，即"拖堂"。学生课间休息时间仅有10分钟,可有些教师"拖堂"少则两三分钟,多则七八分钟,甚至还有"拖"到下节课的上课铃响过仍不肯下课的。

其实,不管因为什么原因拖堂,都是不可取的,拖得越多越久,越不利于课堂管理,而且,也不合情、不合理、不合法。"拖堂"的副作用归结为以下几点:

1."拖堂"是对学校作息制度的蔑视与践踏。

2."拖堂"是以教师为中心教学观的集中体现。

3."拖堂"践踏学生休息权。

4."拖堂"破坏良好的师生关系。

5."拖堂"引起教师间的矛盾。

拖堂的弊端是如此之多,所以,最好的办法就是:从第一次走上课堂起,就一分钟也不要拖堂。

五、课堂管理中的策略智慧

有效的课堂管理策略保证了学生最大限度的有效学习,保证了自己教学步骤的有序进行。中学教师要善于钻研和改善自己的管理方法,运用自己的教育智慧化冲突于无形,正确处理课堂教学中发生的诸多问题,适当运用自己的幽默和语言技巧,从而使严肃的管理方式活跃起来。

(一)没有管理不好的作业,只有不管用的方法

布置作业是让学生不断进行系统的练习、应用和反复接触概念的有效途径。学生如果能够保质保量地完成每一天的作业,教师促进学生学习的目的就会容易实现了,但实际上,情况并不乐观,很多学生不完成作业,教师在这件事上花费了大量时间,嘱咐、督促、检查、评比、奖励、批评等等,忙得不亦乐乎,可总还是有那么几个或一些同学,经常不能按时把作业本交上来。

学生为什么不完成作业呢? 一般中学老师对这个问题都不去细致研究,他们只简单地断定,这是因为学生"不重视学习""厌学""贪玩""怕苦"等等。归因简单,对策当然也就简单,无非是一方面大谈学习的重要性以引起学生的"重视",另一方面采用各种"管""卡""压"的办法迫使学生不敢不完成作业。

事实上,学生经常不完成作业,情况相当复杂,有多种原因,因此也就应该有多种干预方法。

1.书写障碍

书写是比看和听复杂得多的学习活动,需要眼、手、脑的多方协调配合。单从手来说,要把一个字写规整,需要手部十几块小肌肉同时动作,而且互相协作。小学生把字写得七扭八歪,或者笔画跑到框外去了,这常常不是态度问题,而是能力问题,他的手部小肌肉群没有别人发育得快,控制不好那支笔,自然没法写好。中学生情况有所不同,但是若感觉统合失调,写字也会遇到困难。教师和家长在分析得出学生不写作业的原因在于书写障碍之后,应当教给学生正确的方法,而不是单纯的批评。

2.学习懒惰、耍小聪明

学生的性格懒惰与家庭教育密切相关,因此家长从小严格要求孩子,培养孩子良好的学习习惯。如果他家的经济情况还好,可以建议家长请一位家庭教师暂时陪伴他写作业,逐渐形成按时写作业的习惯后,家庭教师再撤出。如果学生家里经济困难,但孩子人品并不差,则可以考虑把他安排到一个同学家去,每天一同写作业,以期使他逐渐形成写作业的习惯。学校若有放学后的辅导班,可以建议他们参加。总之,这是一类脑子聪明、思想懒惰、习惯不好的学生,转变这种学生不要急于求成,应当循序渐进地引导和培养。

3.灰心丧气、没有希望

很多学生根本不爱写作业,原因就在于此。写作业对于他们来说,是一项没有奔头、没有希望的事情。他们心如死灰,不写作业不过是他们消极心态的一种表现而已。

灰心者又可以细分成两种,一种是整体灰心者,另一种是局部灰心者。

整体灰心者是完全厌学的人,甚至是厌世的人,对这种人谈完成作业,属于浪费时间、浪费感情。所以,一位教师如果发现某学生整体上处于心理崩溃的边缘(这需要教师有一定的心理学知识和敏锐的观察力),那就不要和学生纠缠什么写作业问题,而要了解他的心理问题在哪里,加以正确引导。

局部灰心者并不是门门作业不交,而只是某一两门作业不交——他对这门课灰心了。面对这种学生,教师不应当盲目批评,应先稳住阵脚,告诉学生:"你不是不完成作业的学生,你只是某一两门作业有困难。我们慢慢解决。"然后帮学生切实找到他这一门课写作业的困难在哪里,灰心的原因,逐步加以解决。

4.作业不会、障碍太多

有很多不交作业的中学生都属于这一类。他们写作业时写写停停,磕磕绊绊,困难重重,有的甚至大部分题都不会,以至于抄袭其他同学的作业。一般老师遇到学生抄作业的情况,往往不分青红皂白地一律进行道德谴责。这是很不妥当的,不但冤枉了一些学生,而且绝对不能解决问题,因为道德谴责不仅不能提高学生能力,而且对学生的心理造成了伤害。

所以,中学教师面对一个经常不交作业的学生,千万不要急于批评、谴责、惩罚,一定要认真观察和询问,并及时引导、帮助学生改正这一行为。

5.不喜欢这个老师

如果学生从心底里讨厌甚至仇恨某个教师,就会产生盲目的报复心理:"我干吗要给他完成作业? 就不写!""我偏不交作业,我一定要考个坏成绩,拉下他的平均分,让他得不着奖金!"这种行为实则害了学生自己。遇到这种情况,中学教师就先不要提什么作业不作业,而应该主动征求孩子的意见,与孩子沟通。关系改善了,作业问题也就解决了。

管理好作业也是一门学问,需要教师们选择科学的方法。

(二)化冲突于无形中

每个人都有其不同于其他人的经历,有自己独特的情感、理解和背景,因此,人与人之间出现不一致或冲突是不可避免的。

课堂教学中,学生相互讲话、看课外书、嬉戏等行为将妨碍到教师教学,干扰教学的正常进行,会引起教师烦乱、焦躁、愤怒的情绪。教师可能采取严厉地批评学生的方式保证教学的顺利开展,而这又使学生产生痛苦、自卑等心理感受,学生为了维护自己的形象,就会抗拒教师。于是,师生之间的冲突就产生了。

师生冲突难免,教师要理性对待,巧妙解决。

【例】潘老师一抬头,忽然发现坐在后排的两个男生没有做笔记,头凑在一起,似乎在交流什么。潘老师心里火了,暗想:"这么重要的内容居然不做记录。"于是,就叫起了其中一位学生,问道:"你怎么在说话?"原以为他会因为被老师发现而有所悔改,孰知他生硬地扔了一句话:"我可没说话。"潘老师没看清他们在做什么,因此确认不了他们在说话。但为了显示自己的尊严,潘老师又问了一句:"你记笔记了吗?"更出乎潘老师意料的是,他的口气比先前更生硬,大声喊道:"没记!"弦外之音"看你能把我怎么样"。

潘老师更加恼火了。课堂气氛顿时紧张起来,刚刚还低着头看自己笔记的学生也不约而同地抬起了头,脸上凝着紧张的气氛,用略带惊慌的目光注视着,无奈地等待一场劈头盖脸的训斥。此时,潘老师真的想好好地维护一下自己的脸面,狠狠地批他一顿。但转而一想,毕业班的学习本来就很紧张,如果再小题大做,难免会影响自己上课的情绪,更会影响到学生的学习情绪,白白耽误了一节课不说,更不利于今后与学生之间的交流。于是,潘老师灵机一动,把目光转移到他同桌的身上,顺便缓和了语气问:"李可,你好像记了一些,是吗?""老师,嗯,我记了。"这位学生见状,机警地答道。"那好,下课给我检查一下。""啊,要检查呀!"他的话音刚落,教室里就响起一片笑声。课堂气氛顿时缓和下来了,又回到轻松愉快的气氛中来了。

这则案例给我们的启示是:教师如果能控制住自己的情绪,调控好自己的言行,表现良好的人格修养和较高的教育技巧,一般可以淡化或熄灭课堂冲突。

其实,面对较差的课堂纪律,如果不分青红皂白呵斥镇压,往往会适得其反,虽然有时奏效,实在是有损教师风度。这时,可以暂停讲课,微笑着,沉默着,让学生自己省悟。也可以不受干扰,旁若无人地继续,尽量使教学语言更有吸引力。或者机智提问,吸引学生思考。总之,要对学生有一个善意的认识,肯定他们不是故意让老师难堪。

六、善于吸引学生的注意力

中学教师在课堂上如何才能吸引学生的注意力呢?

首先要营造良好的课堂气氛,激发学生学习的热情。

其次,教师要关注自身体态语言对学生的影响。

最后,教师还应善于创设教学情境,使学生走入教学情境之中。

(一)用你的激情点燃学生的热情

一堂有灵性的课离不开激情,这激情包括老师的激情和学生的激情,老师的激情源于对教育教学工作的热爱,学生的激情来自老师的启发引导,课堂中的激情不仅深化对课本的理解和感受,同时也是德育、美育的一个重要途径,师生的激情感悟交流中,形成对各自人生观、价值观的新的感悟和定位,这满足了新课程改革的需要。

1. 中学教师的激情源于教师内心真实的感情

教师激情源于对教学内容的深刻理解、把握,并恰当地将之表达出来。它能使教师在课堂上感情抑扬起伏,举手投足,情发于衷,恰到好处。这种理解和把握也能使教师感受到知识的伟大力量和将这种力量与智慧传递给学生而产生的无限自豪。这需要做到以下几点:

(1)深刻理解,情动而辞发

教师自己没有感情,就无法激起学生的感情。为此教师只有深入钻研教材,披文以入情,把握作者的思想脉络,体会作者感情的波涛。只有自己先被感动,先有了是非、善恶、美丑、爱憎的鲜明态度,出言才会真切,才会引起学生感情的共鸣。

(2)设计方法,巧妙激情

用教师之情去打动学生之情,再去体验文章之情,确实能激发学生情感。而根据文章特点，精心设计一些行之有效的方法，同样能够激发学生的情感波澜，收到较好的教学效果。

①巧妙朗读。不少文学性课文写得声情并茂，文质兼美，若是把这么一个完整的艺术整体割裂开来进行讲析，往往教师越讲越有劲，而学生越听越无味。教师重在范读，以读带讲，把学生引入课文所描绘的意境中去，感染熏陶他们，激发他们的情感，以提高他们的文学阅读水平。

这里特别强调的是：教师的"读"首先应融之以情，而后才能读出感情，进而激发学生的感情。还要指出的是："读"，不应限于教师一人读，而应立足于学生在教师"读"的感染下自己读，并指导学生运用不同的阅读方法。

②语言点化。语言"点化"有时如同中国画中的"渲染"技法一样，可以创设情境，激发情绪，加深对作品的理解和情感体验，从而增强教学的感染力。生动形象，富有感染力的美的语言，是点化激情的最有效的方法之一。

③合理想象。叶圣陶先生说："文字是一道桥梁。这边的桥头站着读者，那边的桥头站着作者。通过了这一道桥梁，读者才和作者会面。不但会面，并且了解作者的心情，和作者的心情相契合。"他所强调的是读诗学文中的想象。没有想象，就不能把握作品中的形象，感受作者所创造的情境，当然也就不能激起学生的情感共鸣。反之，如果教师能根据文章的描述引起学生对作品中人物、景象的想象，那么，就会使学生有身临其境之感。

2. 中学教师的激情还源于对生活的热爱和对真善美的追求

一个没有上进心、消沉、颓废的教师不会有教学的激情，一个不真、不善、不美的教师，很难被教学内容中的真善美打动而感情激荡。

3. 中学教师要创设激情课堂

"激情课堂"中，教师不但要自己有激情，还要善于"激"情，即善于调动学生情感、兴趣。在"激情课堂"上，没有学生丰富的激情作内应，无论教师多么有激情，课堂都将是一潭死水。事实上，在强调学生主体地位的今天；

课堂不需要口若悬河的演说家和无动于衷的听众。教师的全部激情就是为了实现对学生的激励、唤醒和鼓舞,使课堂成为师生情感和谐互动的统一体。为了调动学生情感、兴趣,教师应当自觉学习"激"情艺术。

总之,在课堂上激发学生潜在的情感和兴趣,对学生学好各门课程有很大的帮助。而中学教师用创新能力去改变教学内容、教学方法,培养学生的情感、兴趣,自然使学生对学习有一种期待心理。通过师生的双边活动,使得教学效果进一步增强。

(二)让教学情境,"情""境"交融

教育学家总结过:"教学法一旦触及学生的情绪和意志领域,触及学生的精神需要,这种教学方法就能发挥高度有效的作用。"教学情境的创设正是触及学生的情绪和精神领域,从而把学习活动变成学生的精神需要。

教学情境是指利用具体的场所(教室环境)、景象(课文文境)、境况(学生心境),来引起学生的情感体验进行教学。教学情境是"情"与"境"的融合,是为达到既定的教学目的,从教学需要出发,制造或设定与教学内容相适应的场景或师生共同营造的课堂情感氛围。它有自己独特的范围限制,"境"即指教学环境,它既是一个用实物或多媒体创设的具体的环境,也是指教学双方的关系;"情"即是洋溢在"境"中的教学双方人物之间的情感交流、思维互动。情因境生,境为情设,情、境和谐统一,从而达成了某种境界或氛围,让学生满腔热情地投入学习生活。可以说,创设教学情境是一种能促使中学教师获得最佳教学效果的教学方法。

七、关注课堂教学中的细节

"细节决定成败"。一堂成功的课堂教学,不仅要求中学教师具有较高的教学组织艺术,做好课前的准备工作,还要求中学教师在实施课堂教学的过程中,正视学生听课的反应,注意学生的一举一动,培养学生良好的注意习惯,注重评价性的语言对学生的影响,让学生在宽松愉悦的氛围中学习。

（一）未成曲调先有情——候课的细节

候课是教师课堂活动的预备状态,指教师课前几分钟在教室门口或教室内等候上课。这是一堂课的序曲,也是课堂活动的第一个段落。研究表明,候课是有积极意义的。

成功的案例:

以前,每当宋老师踏着铃声走进课堂时,时常可以看到教室里一片哗然的场面,铃声对于学生似乎不是命令。虽然宋老师三令五申地强调候课的纪律,但也只是要求一阵,好一阵。每逢遇到教室内乱糟糟的现象时,宋老师就必须花一定的时间去稳定学生的情绪,然后开始授课。

偶然的一天,宋老师突然心血来潮:为什么总是让学生等老师来上课,就不能让老师等学生来上课吗? 心想:不妨来个角色转换。第二天,宋老师提前三分钟趴在教室门前的栏沿上与学生谈心。上课铃一响,宋老师迅速走进教室,学生们也都快速地各就各位,教室内一片寂静,与往日大不相同。这一课,宋老师没有任何题外话,便顺利地开始了课堂教学。从这以后,宋老师每次都坚持提前三分钟候课,结果发现:教师提前三分钟候课,不仅学生的纪律观念、时间观念逐渐得到增强,而且教师也充分利用了课堂的每一分钟,提高了上课的效率。

从案例可见,教师候课具有显著的功效。所以,我们提倡教师提前三分钟进课堂,这样做是非常有意义的。

教师提前三分钟进课堂的益处:

(1)提前三分钟进课堂,进行教学设备检查。

(2)提前三分钟进课堂,有利调整教学心态。

(3)提前三分钟进课堂,了解学生的学习起点。

(4)提前三分钟进课堂,稳定学生的情绪。

(5)提前三分钟进课堂,联络师生情感。

(6)提前三分钟进课堂,减少偶发事件的发生。

还需提醒的是,教师候课不是单纯地站在教室门口等待上课铃声的响起,它在使教师检查课前自身准备状况、提前进入角色的同时,更应该成为师生交流的"黄金时段",教师应充分利用这短短的几分钟,有目的地做好与学生的沟通交流。

总之,教师候课作为课堂教学的一个重要组成部分,是一种实用性较强的教学组织艺术,需要我们在教学实践中不断探索研究。

(二)透过现象看本质——课堂观察的细节

有人说,新老教师在教学技能上的最大差别就在于,老教师能对学生反馈的信息作出正确的判断和及时的评价。要做到这一点,教师只有通过有效的课堂观察,才能把握住学生的学习情绪和反应,了解教学效果,获得反馈信息,及时调整自己的教学策略。

那么,课堂观察中教师该观察什么?

课堂观察的客体是学生的学习行为,因此,整体的学习气氛、学生的面部表情、可靠的提问反馈、真实的教学效果,都是教师课堂观察的内容。

1.学生的学习行为

(1)参与状态。一看学生是否全员参与学习。二看有的学生是否还参与教,把教与学的角色集于一身。没有学生积极参与的课堂教学,是谈不上开发学生潜能的。

(2)交往状态。一看课堂上是否有多边、丰富、多样的信息交流与反馈。二看课堂上是否有良好的人际交往与合作的氛围。

(3)思维状态。一看学生是否敢于提出问题、发表见解。二看这些问题与见解是否具有挑战性与独创性。

(4)情绪状态。一看学生是否有适度的紧张感和愉悦感。二看学生能否自我控制、调节学习情绪。

(5)生成状态。一看学生是否都各尽所能,感到踏实和满足。二看学生是否对今后的学习更有信心、更有兴趣。

2.课堂学习氛围

营造一个良好的学习氛围,是成功教学的前提之一,课堂的整体氛围不仅影响学生的学习效果,而且还左右教师的讲课情绪。故在导入之后,讲解之中,或在提问之时,教师应注意观察学习氛围是否形成,学生反响是否热烈,学习兴趣是否浓厚。除此之外,还应注意观察负面信息,如有多少人打瞌睡、开小差,对学习内容不感兴趣,对提问无动于衷。只有掌握真实的反应,教师才能做出正确的判断。

3.学生的面部表情

不同于学习氛围的整体观察。学生表情应做个体化观察。这里包括:(1)目光观察。是期待的、急切的、专心致志的,还是困惑的、茫然的、游移不定的;是心领神会的,还是疑虑重重的。学生的目光往往是内心情绪真实的流露,有经验的教师决不会等闲视之。(2)面部表情观察。困惑——眉头紧锁,嘴唇闭拢,神情焦虑不安;理解——双眉舒展,面露微笑,频频点头;专心听讲——目光凝视,神情专注,嘴唇微张;心不在焉——目光游移,表情木然,眉头时展时锁,有时口中还念念有词;不耐烦——双眉紧锁,口有烦言,焦躁不安,左顾右盼。(3)形体动作观察。配合各种面部表情,学生的形体也会出现一些变化。专心听讲时,身体微微前倾;困惑不解时,或以手托腮,或搔首摇头;在理解了一个难点后,身体后仰,全身放松,改变原来的体态;若不耐烦时,往往会不自觉地摇晃身体,或双臂抱胸,或跺脚颠腿。对于学生的种种肢体语言,只要注意观察,不难理解。

4.教学效果

在教学告一段落后,教师应关注学生的反应,观察教学效果。主要观察点有:(1)对提问的反应。提问通常是获取教学反馈的重要渠道,学生对提问的反应是否积极？回答是否到位？(2)对课堂练习和作业的反应。练习与作业不仅是学生巩固知识的重要环节,也是检验教学效果的必要手段。我们的观察要点,一是学生对练习的态度,二是练习过程中出现的问题,三是练习的结果如何。(3)对教师讲解的反应。学生的课堂表现是教师观察教学效果的一面镜子,应予以密切关注。

课堂上的观察要求教师具有一定的心理方面的知识和较强的洞察

力。一方面,教师的课堂观察应有一定的目的性。可靠的观察来自周密的计划,有经验的教师常在教学的关键处设立观察点,有目的地捕捉学生的反馈信息,针对不同的反应按事先设计的方案做出调节。另一方面,教师的课堂观察应准确有效。准确的课堂观察有助于教师做出符合实际的判断。

(三)专注才能专心——集中学生注意力的细节

有位教育家说过:"注意是我们心灵的唯一门户。意识中的一切必然经过它才能进来。"当人对某一事物高度注意时,就会对这一事物反应更迅速、更清楚、更深刻、更持久。如果学习时,学生注意力分散,心不在焉,就很难集中在一定的学习对象上,就不能很好地感知和认识教材。所以,要很好地完成课堂教学目标,教师应该培养学生良好的注意习惯和具有较强的注意力。

在课堂教学中为集中学生的注意力可从以下几方面入手:

1.通过导入创设情境,激发兴趣

要想让学生引起注意又能维持注意,兴趣是很重要的。教师开课时就努力创设出一种轻松积极的课堂气氛,使课堂教学的内容贴近社会、贴近生活,符合学生的需要,也就能激发学生的兴趣,使学生的注意力更加集中。

2.组织教学中调动学生主动性

新授内容在组织中应注意有挑战性、兴趣性、竞争性、协作性,使学生能够在教师的组织下,主动地去学习、去活动,并开始善于思考和创新实践,并且愿意去相互交流、帮助、协作。

3.教师应注意调节课堂气氛

人在疲劳的情况下,常常不能觉察到那些在精神饱满时易于引起注意的事物,反之,在精神饱满时,最容易对新鲜事物产生注意,而且,注意力也易于集中和保持。我们知道,学生很难在四十多分钟内始终如一地集中注意力,所以教师可以在课堂中途根据教学内容给学生设计一些活动,例如举手指选择答案或者拍手选择等,把学生的注意力重新引导回来。

4.巧用教学方法,集中学生的注意力

(1)信号警示

当学生注意力开始分散时,教师要及时给予信号警示。如:当有学生做小动作时,可以凝视或点头示意他,也可以走近并拍其肩背加以提醒。

(2)指名提问

提出问题,然后指名让不注意听讲的学生回答,警示他该专心听讲。所提的问题应与教学活动紧密相关,对学生的回答要给予正面评价,以激发他听课的积极性。

(3)好奇心驱动

有时候因为种种原因课堂上学生会变得很乱。这时最好的办法是利用学生的好奇心理来集中学生的注意力。例如在一次课堂上,学生注意力涣散,教师突然举起右拳说:"谁知道老师手里握的是什么?"学生纷纷抬头注视,注意力集中了,教师接着说:"想不想知道?要想知道,先回答几个问题,然后老师告诉你们。"然后装作把东西放进口袋,继续开始教学。

5.培养良好习惯,训练学生的注意力

苏联心理学家西·索洛维契克说过:"要想在课堂上集中注意力,我们还是从一年级就学会做简单的事情开始:身体坐正,振作起来,做好听课准备……这样,我们就会非常容易地把注意力集中在老师的讲解上。"所以,为了使学生能上课专心听讲集中注意力,必须养成良好的注意习惯,从培养良好的坐姿开始。

(四)评价要到位——课堂评价用语的细节

在课堂教学中,教师的评价用语要注重每个学生的独特感受,以激励为主,敏锐地捕捉学生的闪光点,及时给予肯定和表扬,努力营造热烈而轻松和谐的学习氛围。

1.发挥评价用语的亲切性,让学生如沐春风

教师的评价用语必须是发自内心的,说每一句话都要为学生着想,让学生一听就能感到亲切可信。当某学生提出了一个有价值的问题时,老师可走上前去,握住该同学的手,注视着他的双眼,夸赞道:"你有一双慧眼呀,能发现别人发现不了的问题,多么了不起啊!"学生听了这样的评价话语,必然会获得学习的成就感。

2.发挥评价用语的激励性,让学生获得自信,走向成功

新课程标准指出:"评价的目的不仅是为了考查学生达到学习目标的程度,更是为了检验和改进学生的学习和教师的教学,从而有效地促进学生的发展。对学生的日常表现应以鼓励表扬等积极的评价为主,采用激励的语言。"

众所周知,人人都想得到别人的赏识,人人都需要他人的鼓励。因此,教师充满激励的评价语言能让学生不断获得前进的动力,在自信中走向成功。

3.发挥评价用语的导向性,让学生在交流中学会学习,养成良好的学习习惯

新课程标准的实施要求教师应该是学生学习的促进者,要实现这一角色的转变,首先应从语言上表现出来,使自己的语言具有导向性,通过即时的评价语言引导学生使用正确的学习方法,培养学生良好的学习习惯。

4.发挥评价用语的幽默性,让学生在轻松愉快中接受教育、获得知识

运用幽默、风趣的评价语言是调节师生情绪、打破课堂枯燥局面的有效方法。富于幽默感的语言更容易实现对课堂教学的有效控制,更容易缓和师生间的紧张气氛,也更能使学生以一种积极、乐观的态度来处理矛盾,让学生在轻松愉快中接受教育、获得知识。

5.发挥评价用语的哲理性,让学生从评价中获得做人求学的深刻道理

课堂评价语言如果富有哲理,能使学生在学习过程中潜移默化地受到美育、德育的熏陶。学生尝试失败了,教师就可以说"失败是成功之母";学生在某一方面的知识不扎实而出错,教师就可以说"哪里跌倒了哪里爬起来";有的学生不喜欢朗读课文,教师就用"读书百遍,其义自见"去开导他;有的学生回答问题有创见,教师就可以用"青出于蓝而胜于蓝"去赞扬他;有的同学能写一手比老师更漂亮的钢笔字,教师就可以用"弟子不必不如师"来激励他;有的同学平时不爱发言,一说就说得很好,教师可以真诚地说"不鸣则已,一鸣惊人"……久而久之,学生就学会了许多富有哲理的句子,懂得了许多求学做人的道理。这些评价语对提高学生的口语和书面语水平都起了积极的作用,同时也很好地体现了语文教学的理念。

6.发挥评价用语的多变性,让学生耳目常新、喜闻乐见

单调、重复是造成一个人疲劳,大脑皮层抑制的重要原因。教师课堂评价语言也不能单一、不能老套。左一个"你真棒",右一个"你真棒",学生听后肯定感到腻烦。反之,评价语言灵活多样、随机变化、注重创新,学生就想听、爱听、百听不厌。评价语言要想不拘一格,除了经常变换词句外,可以将预设语和随机语有机结合,可以将整句变为散句,散句变为整句,还可以根据课堂气氛及时调整语气、语调、重音、节奏,还可以走进学生的世界,用他们喜欢的网络语或卡通语,对他们的学习行为作适当的点评。这样一定会收到满意的课堂教学效果。

第五讲　教学提问艺术

第一节　教学提问的原因及意义

著名教育家陶行知先生说过："发明千千万,起点是一问。"问题是思维的起点,也是思维的动力。教学提问是教师教学技能的重要组成部分,也是常用的教学手段之一,在中学教学中它尤显重要。教育改革的深化,教育手段、方式、方法的更新,使得更多教师对教学提问的重要地位和意义有了新的认识。

在课堂上,教学提问是教师教学艺术的综合反映,它有利于唤起学生的注意,激发学生的求知欲。因此,教师必须研究提问,明确提问的原因及其功能。

一、教学提问的原因

教学提问的研究可以从苏格拉底以前的哲学家一直追踪到现今。但是,真正从实证主义的角度研究提问是从20世纪开始的。早在1912年,心理学家史蒂文斯第一个在他的报告中指出,教师们大约每天提出395个问题,而且,在教师之间,提问的比例有很大差异,主要视学生的年龄、能力以及教师的经验而定。

所有的教师都指出,他们是为了获得信息而提问,同时他们提问学生也是为了检验知识和维持课堂秩序。

教学中教师不仅要善于提问,还要善于启发学生自己提出问题。朱熹说:"读书无疑者须教有疑,有疑者须教无疑,到这里方是长进。"学生有疑才能打破头脑中的平静,激起思维活动的波澜,学习才不会浅尝辄止,满足于一知半解。因此,教学中教师向学生提出问题固然重要,但启发学生自己提出问题则更为重要。

光是由教师提问,学生总难以摆脱被动学习的地位,所以,有人认为,如果课堂上多让学生自己提出问题,讨论问题,决非易事,这需要教师掌握激发"问题"的艺术。

首先是激"问"之前,要给学生深入思考教材的时间。一次,一位老师应邀到外地某中学上《故乡》一课,行前,先写信要求学生熟悉一下课文,思前顾后,提出些问题。可是学生却说读懂了,一个问题也没提出。老师到达后,没有急于上课,而是再给学生时间读课文、想问题,结果,全班同学提出了三百多个问题。此时学生的思维状态已如一道闸门挡着洪水,一旦教师用巧妙的方式开启了这道闸门,各种各样的问题就会喷涌而出。

二、教学提问的出发点及角度

(一)善于调动情感

中学教师在教学提问时,要善于用调动情感的手法,去拨动学生心灵的琴弦;要充分运用教材的情感因素,去触发学生思想感情的诱因,使之能与作者、作品的思想感情合拍,产生共鸣,以达到"融美于心灵"的地步。古人常讲:"感人之心,莫先乎情。"用调动情感的提问方法感染学生,调动学生的积极性,是最佳的方法。

(二)投石巧激浪

中学教师应为学生精思置疑示范引路。教师在教学中注意发现问题,提出问题,使学生从中受到启发,逐渐摸到精思置疑的路子,这就是投石激浪。这块"石"就是老师精心设计好的提问范例,这个"浪"就是学生积极思维的好学精神。

认知心理学的研究表明,影响学生掌握概念的一个重要因素是认知结构变量的可辨别性,即新概念与学生原有认知结构中的有关概念的分化程度。若学生学习新概念与他们认知结构的原有相关结构没有精确分化,学生便不能牢固地掌握新概念。因此,教师必须采用示范引路对比设问。如在教完"整除"和"除尽"这两个极为重要又极易混淆的概念时,教师可进行对比设问:"整除和除尽有何区别和联系?"使学生对这两个概念能正确地认识、理解、精确地分化。

(三)比较激思维

有比较才有鉴别。比较是一切思维的基础,比较是启发学生提出问题的好方法。

1.让学生在比较中发现规律

创造思维的一个重要的品质是观察敏锐,能通过观察、分析、比较发现规律。课堂上可通过多媒体教学,图文并茂的幻灯片,形象生动的事例,激发学生强烈的兴趣。让学生在乐中学,玩中练,看中想,从比较中去发现规律,如由两个物体间的比较到三个物体的比较,两个物体间比较首先要确定标准,谁与谁比;三个物体的比较,首先要两两比较,再三个物体的比较,逐一转化为两个物体的比较。通过比快慢,比高矮,比大小,让学生看一看,想一想,说一说,练一练,引导他们从中提出有创见的问题,发现规律,发展他们的创造思维能力。

2.让学生在比较中激发思维

发展思维是数学教学的重要任务。运用比较的方法,通过生动的故事,形象的图片,激发学生的积极思维。

3.让学生在比较中深化思维

认知心理学告诉我们,学生对数学的概念规律的认识和掌握不是一次完成的,对知识的理解总是经历了一个不断深化的过程。运用两个物体比大小、比厚薄,三个物体比高矮,四个物体比轻重的方法,引导学生在比较中观察,在比较中思考,在比较中发现规律,在比较中提出问题,在比较中找到方法,促进思维的深化。

4.让学生在比较中发展思维

运用反馈法,将学生学习的结果及时反馈,及时调控,及时评价,及时强化，学生在老师的引导下能从多角度、多侧面去思考，去提问题，并能运用推理，把较复杂的问题通过比较得出正确的结果。如几个动物玩跷跷板，几个同学赛跑比快慢等。

5.让学生在新旧知识比较中活跃思维

将新知识和旧知识对比，促进正迁移，比较中揭示矛盾，激发兴趣。中学教学中，常用比较方法，揭示知识间的矛盾，使学生产生学习新知识的欲望，激发学习兴趣。

6.让学生在比较中沟通联系，形成良好的认识结构

比较按时空的区别分为纵比和横比。运用纵横对比的方法，促使学生以整体去认识组成知识的各部分，理解各部分之间的内在联系，形成和发展相应的认识结构。如经过多角度的比较，构成乘、除法应用题的各部分知识间建立的纵横联系，在头脑中形成知识结构网络。

7.让中学生在比较中，发展其求同、求异的思维能力

比较是一切思维和理解的基础，在教学中通过对比提问，促使学生思考，以达到深刻理解知识的本质意义，掌握知识间的联系与区别之目的。

运用比较的方法时，应注意比较的内容和要求，必须适合中学生的年龄特点。而且比较并不是独立使用，是和分析、综合、抽象概括等逻辑方法密切联系起来，相互渗透。中学教师只要能启发引导，使用比较方法合理适时，就能打开学生的思路积，使其极主动地提出问题。

(四)学科特点要鲜明

中学教师要根据不同学科的特点，教会学生提问的方法，让学生知道从哪些方面去提出问题。

第二节　教学提问的流程和技巧

著名的教育家叶圣陶先生曾说："好的提问必令学生运其才智，勤其

练习,领悟之源广开,纯熟之功弥深。"为了收到好的教学效果,好的提问设计是非常必要的。

一、教学提问的"五优先"

1.先提问,后指名

教师清楚地叙述完提出的问题后,要观察学生对问题是否明确,努力使全班学生都动脑筋思考,然后再指名回答。如先指名,被指名的学生积极思考,未被指名的学生就认为"事不关己,高高挂起"。

2.先思考,后回答

提问后要给学生思考的时间,多数学生"跃跃欲试"时,再指名学生回答,回答的内容、回答的方法及组织的语句不一定框梏于预定的设想,要鼓励学生的创见,对于那些思路奇特、逾越常规的答案,要能随机应变,因势利导。

3.先讨论,后结论

对学生的回答,教师尽量不要立刻表态,可以让别的同学补充、纠正、表示赞同、表示反对、提出不同的答案、提出更佳的方案等等。在此基础上,老师"顺水推舟",根据成熟的讨论做出结论。这样不但能提高学生参与学习的广度和深度,强化学生的主体地位,而且使问题从各种角度得到剖析,使答案更清晰、更全面、更深刻,同时又能使学生在民主和谐的合作氛围中,养成乐于探究的习惯。

4.先学生,后教师

学生在回答问题时,教师态度要亲切温和,让学生充分表达自己的观点,不能轻易打断学生发言;学生稍有停顿,要让学生思考继续回答;学生回答有困难,老师要鼓励学生想,必要时才适当引导和暗示。回答若有错尽量让学生自己纠正或另外请同学纠正,在学生充分发表意见后,教师才发表看法。

5.先激励,后更正

对学生的回答要热情鼓励,即使回答错了,也要表扬他积极参与回答的精神。对于回答不全面的学生,要着眼表扬他对的部分,然后再提醒他今后要注意的不足之处。对优等生回答问题很"精彩"时,当然要鼓励,但也要在更高层次上要求,促进他"更上一层楼",防止骄傲自满情绪,不能"固步自封"。

教学提问的设计技巧,课上看似随机应变,实际上功夫在课堂外。它要求教师既备教材、教法,又要备学生,按照教学规律,积累教学经验,不断提高教学水平。只有这样,我们才能真正实现教学提问为学生发现疑难问题、解决疑难问题提供桥梁和阶梯,启迪学生的思维,激发他们的求知欲,促使他们参与学习,帮助他们理解和应用知识的教学目标。

二、教学提问的有序性

教学提问要考虑学生的实际情况,应注意合理的顺序:

1.提出问题

提出问题,语言要简练明确,使学生确切地掌握教师的要求。提问时,要使全班学生都注意所提的问题,思考所提出的问题。不先指定回答者,避免只限于被指定的学生参与提问问题的思考。

2.稍停顿

提出问题,不要要求学生立即回答,要稍停片刻,给全体学生以思考问题、组织语言的时间。根据问题的难易和复杂程度,掌握稍停时间。

3.指定回答的学生

教师要亲切地指定学生针对所提问题,沉着地将自己的认识,有系统地表达出来。教师不应轻易打断学生的发言,使学生不紧张,不拘谨。

4.不同问题的顺序

提问的顺序应从知识性问题入手,然后递进到高层次的提问,此方法可以用来深入探讨一个复杂问题或用来引导学生理解一个特殊的概念。

开始的问题可以产生一些直接的经常是表面的或不明确的回答，接下去的问题应该是阐明性的、探索性的、集中性的或重新定向性的。

阐明性的问题要求学生重新陈述他们的回答，以便使教师和同学更容易理解，这类问题经常要求学生回答得更明确，并把他们开始的答案划分成具体的几个部分。

探索性问题试图使学生们能扩展他们的回答或检验他们自己的思维过程，这些问题能揭示出学生们对各种知识相互关系的理解，他们自己的想法和理解以及他们怎样来构想自己的答案。

集中性问题帮助学生确定合适的知识以及确定能帮助系统地阐述问题的过程。

重新定向性问题是让学生注意相互联系又有区别的知识或过程，这些问题拓宽了学生交替回答的兴趣。

上述提问的有序性，再次说明了好的教学提问必须经过深思熟虑，酝酿选择，在对教材熟练掌握，对大纲深刻领会，并在占有大量资料的基础上，方能很好地完成。

三、教学提问的流程

(一)查寻异常

课文中常常有一些不同寻常、不依常规的内容和写法。如果找到了这种写法，问题就提出来了。

【例】《鞠躬尽瘁》一文中有这样一段：

1964 年 5 月 14 日,在焦裕禄同志生命的最后时刻,中共河南省委和开封地委两位负责同志守在他的床前。

他拉着这两位同志的手,断断续续地说:"党……派我……到兰考……工作,我……没有完成……党交给我的……任务。"

这就是他,一个坚强的共产党员,在生命最后时刻的遗言。

焦裕禄同志是中国共产党兰考县县委书记,当然是共产党员,这是不言而喻的。为什么文章还要写出他是"共产党员"呢？这就是异常的写法了。学生发现这种写法后，就会提出"作者为什么要这样写?"从而去探究作者的匠心，作者用"共产党员"四个字，一是对焦裕禄崇高品质的概括，二是告诉人们焦裕禄是共产党员的典范。

（二）揭示矛盾

在一篇课文里，常常出现两个相反或相对的意思，构成一对矛盾。然而这对矛盾，是作者有意安排的，有着特殊用意，学生发现了矛盾，也就会提出问题。

【例】孙犁同志的《荷花淀》，写的是抗日战争时期发生在白洋淀地区的一次水上伏击战。而这样一篇以抗日武装斗争为题旨的短篇小说，在开头描写景物的时候，并没有描绘硝烟弥漫、战火纷飞的场景，却写出了白洋淀地区的一派富饶、美丽、恬静的水乡风光。这样写景不是和打汽船的抗日武装斗争相矛盾吗？学生发现了这一矛盾，就自然会提出问题。通过阅读、思考，才理解到原来作者的特殊用意是，用艺术手法含蓄地写出了白洋淀人民英勇地投入抗日斗争的思想基础：如此美丽、富饶的国土，岂能允许日寇进犯？如此美好、恬静的家园，岂能容忍敌人践踏？

（三）假设对照

给某篇文章的整体或局部，假设一个对立的内容与一种对立的写法，并且拿它与原文比较、对照，思考二者的不同与优劣，这便是假设对照的质疑方法。

假设对照的办法可分为两大类：

1.增减性假设

假设增加某些内容与写法或假设去掉某些内容与写法，并且与原文对照，比较优劣，这是假设对照的质疑方法之一。

【例】《白杨礼赞》一文的第一段，开篇就点明题旨："白杨树实在是不平凡的，我赞美白杨树!"可是，接下来并没有解释白杨树是怎样的不平凡,却是写了西北高原的景色,作者为什么要这样写?如果去掉这一段,文章的效果又会怎么样?通过对比才明白,原来,第二段写高原的风貌,是为白杨树的出现设置背景,起着衬托白杨树的作用。

2.更替性假设

假设用一种与原文不同的内容或写法取代原文,然后与原文对照比较,思其优劣,这是假设对照质疑的又一种方法。

（四）比较不同

当阅读某篇文章难于发现问题的时候,如果找来另一篇内容相近或文体相同的文章,把它们放在一起比较,就会从中发现一些问题。为什么内容相近或文体相同的文章,却有着不同之处呢?在比较的过程中,问题很自然地就提出来了。

【例】《海滨仲夏夜》中优美动人的景物描写,给人留下了深刻的印象。要说提问题,可能一时难以提出。如果拿来同是描写景物的另一篇课文——《春》比较一下,情况就不同了。《春》的景物描写可以理解为是描写同一时间的不同景物;而《海滨仲夏夜》是按时间的推移,描写从夕阳西下到夜色渐浓,玉兔东升,明月当空,最后到深夜,依次出现的景物。

（五）分辨是非

阅读过程中,对文章的思想内容、篇章结构、表现手法、语言运用产生一定的认识,这是阅读已深入一步的表现,但如果到此为止,那么阅读就不会再深入了。若要知自己的认识是对是错,提出问题寻求答案,则需对文章做进一步钻研。这便是辨别是非的质疑方法。

【例】《桃花源记》中,"初极狭,才通人"一句,阅读时可能会想到:这是说刚刚能够通过"一个人"。那么,这样理解对不对呢?这样一想,问题就出来了。有了问题,研究就深入了。可以从学过的其他课文中再找一些与"一个"有关的句子进行研究。最后得出"才"表明"仅仅"之意。"人"是"一个"的结论,因为"一个"在这里省略了,证明初读时的理解是正解的。

（六）区别选择

对所阅读作品的内容或写作方法，提出两种或两种以上的不同见解，进而从中选择出一种正确的答案，这就是推敲选择质疑的方法。

【例】阅读《同志的信任》一文时，会发现课文中有两个人物——鲁迅和方志敏。从描写两个人所占的篇幅看，大约每人各占二分之一。从文章的内容看，一方面写了方志敏同志的被捕，粉碎敌人"游街示众"的斗争，在狱中给党中央写信、写文稿并决定托付给鲁迅先生转交的经过；另一方面写鲁迅先生收到密信和文稿及珍藏并转交给中国共产党中央委员会的过程。那么，这两个人谁是这篇文章的主人公呢？这需要作出选择，问题就提出来了。

为了作出正确的选择，就要全面、深入地分析原文，找出文章的主人公是鲁迅的种种根据。

（七）探求详情

这是对文章中概括或简要的描述，作具体、深入的探究的一种质疑的方法。

【例】竺可桢的《向沙漠进军》，第一句就说："沙漠是人类最顽强的自然敌人之一。"这是概括的说法。若探求其详情，则可提出一系列的问题。诸如，说沙漠是人类的自然敌人，有哪些具体表现呢？既是敌人就要向人类攻击，它是怎样攻击人类的？说它是"最顽强"有什么具体表现呢？我们用什么办法来对付这个自然敌人呢？

（八）寻根问底

事件总有个发生、发展、结局的过程。所谓寻找原委，就是阅读时如果读到了上述过程中的某一个环节，就去寻求另外的两个环节。这种寻求，也就提出了问题。既可以从事件的起因，去寻求事件的发展和结果，也可以从某一情节的发生，去寻求原因和结果；还可以在搞清楚文章的主要内容之后，去寻找文章的中心。

俗话说："提出问题是解决问题的一半。"培养学生的创造性思维，重要的一环就是要培养学生自己提出问题的能力。明确了这一点，教师研究和掌握激"问"艺术的意义就清楚了。

四、教学提问的技巧

（一）教学提问的数量

课堂教学质量的高低，不能用提问的次数多少来评价。根据观察和研究，教学提问的数量应按照科目（语文或数学等）、课的类型（新授课、复习课）和结构来确定。一般认为，抽象理论内容的课提问宜少；授新课时提问宜少；具体知识内容的课宜少；复习课、巩固课提问可多些。但不能绝对化，可因具体情况而定。

（二）教学提问的质量

根据问题答案的数量，提问可分为高层次的提问和低层次的提问。前者是有两个以上答案的提问，后者是仅有一个答案的提问。高层次的提问具有开放性，可较好地启发学生的思维，因而教师应多准备这类提问。尤其是当学生的回答出乎教师的意料之外时，更应维护、鼓励学生的探索精神，不要将答案强扭到自己的轨道上来。低层次提问也并不意味着教师没水平。重要的是，教师应根据学生的实际情况和教学内容，正确地运用这两种提问方式。

（三）提问的节奏

提问的节奏应包括两个内容：一是言语的节奏，包括语调的抑扬顿挫，语句之间的停顿、关键词语的重复，言语与板书的交替等；二是从一个问题的提出到得到解答，中间应该有一个间隔时间。这段时间应该多长，是恰当掌握提问节奏的技巧。据研究，从学生听清问题（理解）到准备答案（包括语言组织）至少需2—10秒，依问题的难易程度而不同；至于请学生站起来回答，则依个人的性格特征（内向型羞怯，外向型大胆）而差异较大，从5秒至30秒不等。因此，教师的提问需考虑到问题的难易，语言表达，学生的个性等因素，以正确掌握节奏。

（四）善用激疑的艺术

启发学生能积极提问的关键，在于老师要善于运用激疑的艺术。

朱熹说："读书无疑者，须教有疑。"教师巧设疑问，可以激起学生的求知欲和积极的思维，所以激疑既是进行教学的重要方法又是教学中的重要艺术。善于激疑才能引起学生的积极思维，学生才能积极提问，通过释疑达到掌握知识、开发智力的目的。

主要的激疑方法有以下几种：

1.悬念法激疑。悬念就是对学生悬起疑惑，迫使他们在以后的学习过程中时时注意，处处留神，寻觅答案，以激起强烈的求知欲。

2.导谬法激疑。对于有些似乎浅显易懂的原理，学生往往一目数行，不求甚解。因此难免一知半解，甚至发生误解。为此，教师要善于抓住容易误解之处，巧设疑问，让学生接触谬误，议论后才使学生恍然大悟。

3.排谬法激疑。此法一开始就把迷路堵死，以免"迷途难返"，因为教材本身是难点。

4.比较法激疑。对于容易混淆的概念、原理，可用比较法激疑。通过比较，找出联系之所在，划清区别之界限。

5.递进法激疑。对于层次多，范围广的教材内容，可以用剥笋壳的方法层层深入，递进激疑，以化多为少，化繁为简。

6.反问法激疑。有些原理中的主次关系很重要，断然不可倒置。但在实际应用上往往被轻视忽略，本末倒置。这类原理用反问法激疑对于加深理解原理，牢固掌握科学的方法尤为必要。

7.极端法激疑。反映同类事物共同属性的概念及反映事物联系的原理具有一定的度，如果超过了这个度，将它推向极端，就曲解了含义。教师不妨"将错就错"用极端法激疑，培养学生用唯物辩证法的观点理解概念和原理，克服形而上学绝对化。

8.转化法激疑。对于具有转化联系的概念、原理，可以用转化法激疑，来加强知识联系，明确转化条件。

9.串联法激疑。复习阶段的一个重要任务是要求学生把以前学到的个别的概念、原理串联起来,系统地掌握知识,为今后运用马克思主义的立场观点和方法,分析解决实际问题打下坚实的基础。

第三节　教学提问以学生为主体

教是为了学生的学,教学应以学生为主体,这时教师把原来的"满堂灌"变成"满堂问"。然而,教师的很多问题却是从教师的角度出发提出的,学生则是根据老师的提问急匆匆地去找答案,当思考不出答案时,则等待教师给出答案。长此以往,很难想象一旦脱离了老师的"问",我们的学生是否还会学习? 而准确、恰当、体现学生为主体的教学提问却能激发学生的学习兴趣,更好地提高课堂教学效率。那么怎样实现体现学生为主体的教学提问呢? 课堂要坚持学生的主体地位是不动摇的,课堂上学生应当是教学的中心,处于主体地位,教师设计问题的时候,首先要考虑到学生,始终要围绕学生。教师的提问应该是激发、唤起和组织学生。教师一边提出问题,一边实现与教学内容有效对接的教学活动和学习行动。对于回答问题的同学,要采取"不以成败论英雄"的方针,回答对了,及时肯定,即使答错了,我们也应当给予鼓励,这样,在课堂上,学生们的回答才能始终活跃,没有思想负担。

在课堂上,学生自觉地、主动地学习与被动地接受知识,效果迥然不同。要提高课堂效率,必须正确处理好内因与外因的关系,解决好教与学的矛盾,使教师的主导作用与学生的主体作用相结合,真正调动学生学习的主动性,使学生成为学习的主人。让学生在课堂上充分发挥主观能动性,自觉地、主动地、积极地去探究、获取、掌握、理解和运用新知识。

学生积极提问的基本条件是学生对其主体地位的自觉,要培养学生提问的主动性特别要提高学生的主体地位,并培养学生增强这种主体意识。那么,怎样增强学生的"主体意识"?

一、要让学生明确学习目标

清晰的教学目标宛如醒目的靶子,为教与学指明了方向。明确目标应根据不同教材、不同学生而采用不同的形式和方法。一般来说,大部分课时目标均可由教师在课前直接告知学生;对知识点多的课时目标,教师可在教学过程中逐步揭示,最后再进行归纳;有些目标可让学生课前提出。例如学习"基础训练"可让学生根据标题在课前先提出学习目标,再具体学习;有些目标可让学生在课后整理得出。

【例】学习古诗《望岳》,通过学习,学生得出如下目标:①理解全诗的基本意思;②体会诗句"会当凌绝顶,一览众山小"所含的深刻道理;③会背诵和默写全诗。

二、要让学生有充分地提出疑难的机会

"提出一个问题,胜于解答十个问题。"教学中,让学生无保留地提问,做真正的学习主人是确保学生主体地位的一条途径。

【例】教学《给颜黎民的信》的最后一件事:为确保学生的主体地位,放手让学生质疑。学生提出如下问题:鲁迅明明看出"我"署的假名,却故意通知"我",这不是在出"我"的洋相吗?前文说"我向来没有留心儿童读物",这里又说"我"看了一篇《关于小孩子》的书这不是前后矛盾吗?师生围绕这两个问题议析后得出:第一个问题至少能说明两点:①鲁迅对"我"的信非常重视,看得十分仔细,体现他关心"我";②实事求是是革命者的本色,对"同志"都不敢写真话,这是不应该的。这里实际上是鲁迅在对"我"进行无声的批评教育,同样体现他关心"我"。第二个问题说明,鲁迅也许为了解答"我"在信中提出的问题,特地去了书店查看一些儿童读物,这更体现他对"我"及下一代无微不至的关怀。以上的讨论分析对学生无疑是有益的,而此效果正是在确保学生这个主体地位的前提下得到的。

三、要让学生参与教学过程

学生参与教学程度的多少是衡量教学质量高低的重要标准。课堂上,老师提出一个问题,一些学生就举手准备回答。这些学生在通常情况下应该说是参与了教学过程,但另一些未举手的学生是否也一定参与了教学过程呢?这就难以一概肯定了。就此也要求教师设计问题要"精心",力争体现既"妙"又"趣",做到妙趣横生,以激发学生参与,确保学生的主体地位。教学中,决不能为几个学生的对答如流而沾沾自喜,更重要的是要弄清其他学生的参与程度。为此,教师要努力改进教法,积极提倡和运用"表演法""互问法""讲座法""实验法""反馈法"等等有利于发挥学生多种感官作用的教法,促使学生积极参与,全面发挥主体作用。

四、要让学生参与解答问题的过程

对学生在学习中遇到的疑难问题,有经验的教师决不会"代而答之",使环节趋于"顺利",而是故意激发学生主动议论,认真剖析,借此引导学生理解课文,丰富课文内容,挖掘课文含义。一个好的设问就能掀起一个小高潮,无数小高潮就能掀起大高潮。

五、要让学生总结规律,归纳学法

学法指导早已被大家高度重视。"授人以渔"已成为教学改革的主旋律。学生要真正理解掌握及运用一定的学法,必须学会归纳学法,显然,归纳学法决非易事,须有教师的精心设计和引导。

六、要让学生参与考查

考查是提供教学反馈信息的重要途径,是提高教学质量的一大措施,也是检查教与学效果的一项主要手段。传统的考查——教师出题,学生解题,其积极作用早已被社会公认。但随着社会对人才要求的提高,这种考查的弊端也日趋暴露,尤其是学校的考查,已突出地表现在学生完全处于"被动地位"这点上。我们认为,学习考查是教学全过程中的一个环节,学生应处于主体地位。如何体现这个主体地位呢?除特需考查之外,可以采用下面的办法。

具体分三个过程:①学生各自拟卷。教师根据同样的目标要求对学生拟的试卷进行审查评分,并根据试卷难易程度指定答卷学生;②答卷;③阅卷。学生先解答教师指定的试卷,将试卷交给出卷的同学批改,然后再将试卷交给老师,由老师分别评出阅卷和学生答卷的得分;统一答卷。教师以教学目标为标准,以学生拟的试题为题库,拟定统一标准卷让学生解答。解答后,可由教师统批,也可由出题同学分批。这样,从表面上看考查过程复杂了,但由于考查形式、时间以及阅卷灵活度的增加,师生反而有了轻松感。特别是学生,在整个考查过程中始终处于主体地位,主动性增强了,兴趣浓厚了,心情也就轻松愉快了,从而使学习考查发挥了积极的作用。

七、要让学生的兴趣被激发

实验证明,人的注意力在一件事情的首尾要优于中间环节,因而课堂中适当的激趣,对于学生集中注意力,提高提问质量,进而提高课堂效率是大有裨益的,激趣的过程中学生的主体地位、教师的主导地位得到了体现,以下介绍激趣的几种方法:

1.奇异生趣

学生容易被新鲜、奇异的现象或内容所吸引。这是一种好奇心理。教师应该抓住学生的好奇心,提出有潜在意义的"挑战性"的问题,启其心扉、促其思维。

2.实例引趣

"学习的最好刺激乃是对所要学的教材的兴趣。"兴趣可以孕育愿望,可以滋生动力。在新课教学中就是要利用儿童喜闻乐见的事例,激发学生求知的情趣,引导学生在欢乐中进入学习。

【例】在教学"圆的认识"这节课时,教师一开始就向学生提出一个十分简单的实际问题:"你们见过的车轮是什么形状的?""有正方形、三角形的车轮吗？为什么？""那么椭圆形也是没棱没角的,椭圆形的行不行?"随着这几个问题的讨论,引导学生深思,教师顺势利导,把学生的思维逼近圆的特征。这样提问,使学生感到数学知识就在身边,既实用,又有兴趣。

3.新颖激趣

学生对新颖的问题、新奇的讲解特别感兴趣,因此,教师在提问时,就要不断更新方法,活跃课堂气氛,启发学生思维。

4.情景激趣

在教学中,教师通过精心组织感性材料,将静态的知识变为动态的探索对象,充分提供抽象概括的情境,从而帮助学生排除求知的障碍,叩开探索新知识的大门,为学生提出问题,回答问题打开思路。

第六讲　课堂结尾艺术

良好的开头(开讲)可以为一堂课奠定好基础,而通过对一节课的教学内容进行梳理概括、揭示规律、升华主题、引导探索,能在学生头脑里留下一个深刻的印象,为整个课堂教学锦上添花,把课堂氛围推向高潮,为一堂课的成功画上一个圆满的句号。在一堂课中,学生获取了不少的新知识、新技能,在课堂终结时,教师艺术性的结尾对整堂课的成功具有决定性作用。

一、课堂结尾艺术的作用

1.对一堂课的教学内容进行梳理、概括,把完整的知识交给学生,就能使新知识牢固地注入学生的认知结构中,使之在学生头脑里留下一个深刻的印象,让学生体验到掌握新知识的成功感。

2.通过规律的揭示、主题的提炼、探索的引导,拓展学生思维,诱发学生继续学习的积极性,促进学生思维活动进入探索创新阶段,达到培养学生创造能力的目的。

3.成功的课堂结尾还能及时反馈教与学的效果,为下一堂课教学目标的确立、教学方法的改进提供有益的帮助,因此是重要的备课的研究对象,是一堂课成功的必备要素。

4.良好的课堂结尾还能增强师生之间的情感交流,为构建"互动"教学模式奠定必备的情感基础。

艺术形式的结尾,是学生在快乐中学习的总结,是学生在即将欣赏完一堂课后的回味。有经验的老师,都十分重视一堂课的结尾。

二、课堂结尾艺术的功能

课堂结尾在课堂教学全过程中是必不可少的一个环节,成功的课堂结尾是结尾艺术形成的前提,结尾艺术不仅在课堂教学目标的实现、知识的掌握与巩固、学生能力的培养、智力的开发等方面起着画龙点睛、承上启下的作用,而且还具有多方面的功能。

(一)形成网络的功能

在教师精心创设的课堂情境中,学生愉悦地、积极地探索知识,然而在获取过程中得到的新知识可能是零星的、散碎的、不系统的,那么在一堂课的结尾之际,教师有意识地穿针引线,诱导学生对教学目标中的知识要点、能力要求、思想政治要求等内容进行简明扼要的梳理、概括。并把所学知识同以前所掌握的知识有机地联系起来,融会贯通,让学生把所得知识连成线,使学科知识条理化、系统化,形成知识网络,还可提炼出精要,使学生纲举目张、执简驭繁,有效地掌握和巩固所学知识。

(二)强化主题的功能

教学是有目的的活动,每一节课都有其教学的主题。在课终整理知识之时,教师用富有艺术性的"画龙点睛"之笔可以强化主题,使学生加强对所学知识的理解和把握,有效地防止或减少学生在运用知识时产生的差错,使学生"一课一得"。

(三)增强记忆的功能

记忆是学生学习的重要因素。字的音、形、义,基本的概念、公式、原理,基本技能的操作方法等等都需要记忆。从某种角度上说,学生记忆的方法、品质在很大程度上影响着学习效果的好坏。记忆的对立面是遗忘。课堂结尾及时复述整堂课的知识,对于巩固所学知识,增强学生记忆,防止知识遗忘,就显得非常重要了。

在课堂教学终结时,教师有意识地营造一种轻松、愉悦、和谐的学习情境,为学习提供一个良好的记忆氛围,然后有效地组织学生对已学知识回顾、再现,使所学的知识在他们脑海中变得更鲜活、更清晰。及时地对知识进行巩固,这样就加深了对知识的理解和记忆。同时,通过对新知识的对比,对主题的强调,更有益于记忆的准确和深刻。学生还可以在教师的组织下,学到正确、先进的记忆方法,提高记忆的品质,增强记忆的信心。

总之,课堂结尾时,对知识的整理、概括,使知识条理化、系统化的过程就是一个在理解的基础上对所学知识进行再现、记忆的过程。科学性、艺术性的结尾可以大大地提高记忆的效率,使学习效果事半功倍。

(四)激发兴趣的功能

兴趣是最好的老师,学习兴趣是学习活动中最直接、最活跃的推动力。浓厚的学习兴趣,使学生带着愉快的情绪进入学习,使他们在学习过程中注意力优先而集中,使认识过程活跃而深入,并在学习中表现出一种坚持不懈的精神。巧妙地利用课堂结尾艺术,感染学生,还能大大地激发学生的学习兴趣。在一堂课的结尾,有优美的音乐、动听的儿歌、有趣的活动,这些生动活泼的结尾形式,能深深地吸引学生。这种种不同的情感体验,能激发学生强烈的学习欲望,产生浓厚的学习兴趣,促进学习。

(五)启迪思维的功能

在课堂结尾时,教师创设适当情境,让学生对所学知识进行分析综合、抽象概括,上下关联,融会贯通。在这一过程中,教师指导学生用确切的、完整的、简练的、清晰的、前后连贯的语言表达思维的过程和结果,培养和发展学生的逻辑思维能力。在巩固新知识的基础上,教师设计一些新奇的、较复杂的拓展性的问题,或者让学生结合所学内容,去发现问题,提出问题,并想办法解决问题。训练学生的发散思维,培养他们的创造思维。课堂结尾还可以把课堂内外联系起来,利用课外活动活泼多样的形式,进一步启迪和培养学生的思维。

(六)培养能力的功能

在教学活动中,学生知识的掌握和能力的培养是密不可分的,随着一定知识的掌握和技能的形成,相应的能力也开始形成和发展。课堂结尾时,学生在巩固、拓展、延伸知识的同时,可以培养他们多方面能力。例如学生在对所学知识和技能的巩固、运用、归纳、概括中,可以培养学生语言表达能力,抽象、概括等思维能力;通过对知识的拓展延伸,可以培养学生创造思维的能力、解决问题的能力、辨别是非的能力、自我展示的能力等。

(七)增进情感的功能

心理学的研究表明,人的情感与认识过程是紧密联系的,任何认识活动都是在情感的影响下进行的。在教学活动中学生会因为喜欢某个老师,从而喜爱他所教的学科。因此,增强师生间的情感交流是非常有必要的。

课堂教学即将结束时,师生结合教学内容、丰富的人文内涵进行平等的讨论,同时尊重学生独特的见解和体验,倾心地交谈,共同感受教学内容的情感基调,感悟教学内容对他们的启迪,产生情感上的共鸣。此时,师生共享成功的欢乐,教师给予学生真诚的肯定、热情的鼓励,在这种充满人文关怀的学习中,学生感受到老师是以一种平等、尊重、信任的态度对待他们,他们也由衷地热爱老师。进而形成一种轻松、融洽、和谐的师生关系。这种良好的师生关系将有利于今后的教学活动的开展,使师生更愉快、更饱含热情地投入到以后的学习活动中,也有利于师生之间进一步的情感交流。

(八)增强信心的功能

课堂教学终结时,学生通过对所学知识的回顾和概括,获得豁然开朗的心理体验。学生不仅掌握了新知识,而且形成了新技能,懂得了更多的道理,产生了更浓厚的兴趣。此时,自豪感油然而生。老师成功地抓住这个契机,真诚、热情地肯定,由衷地赞扬、激励,加强学生这种收获、成功、愉悦的情感体验,从而使他们对自己充满信心。这种自信心促使学生满怀更大的激情投入到新的学习,而且这种自信将会影响他的一生。

(九)思想教育的功能

教会学生做人是新时期学校素质教育的一个重要目标。学会做人是我国基础教育课程改革的育人目标之一,也是学生学会生存的前提,它对人的全面发展起着定向和动力作用,而思想教育主要是教会学生做人。

教学活动中,教师可以充分利用课堂结尾之际,对学生进行思想品德教育。艺术的课堂结尾,可以利用现代教育技术的教学设备,创设适当的氛围,结合所教内容,让学生感受祖国河山的壮丽,让学生感悟人生的真谛,懂得珍惜生命、热爱生活,让他们明辨是非、立场鲜明,让他们懂得朋友、同学之间如何相处,在社会中如何生存。总之,他们可以在丰富多彩的课堂结尾艺术中,受到思想教育,逐步形成正确的人生观、世界观,从而成为全面发展的、具有良好思想品质的新一代。

(十)创新实践的功能

总结不是机械复习前面所讲内容,而是教方法、抓规律,引导学生站在更高的层次上,用新的视野对所学知识进行再认识、提高,从而进行创新实践。

三、课堂结尾艺术的形式

课堂结尾艺术,是教师在结束课堂教学前,根据教学的目的、要求和学生的年龄特征,充分运用文字语言和体态语言,并结合现代教育教学技术手段精心设计的,具有科学性、实用性和新颖性的课堂的"闭幕式"。课堂结尾及其形式是灵活多样、千变万化的。下面是较常用的几种课堂结尾艺术的形式。

(一)达标检测型课堂结尾艺术

当课堂教学的内容完成时,通常教师要检测学生是否达标,以评估自己的教学效果。检验不仅要体现重点、难点,又要富于内容与方式的变化。

(二)贴近生活型课堂结尾艺术

一切数学概念都是从实际生活中通过抽象概括得到,尤其是质量单位、长度单位、货币单位、面积和体积单位等学生日常生活中接触的数学概念,在数学课教学结尾时,可启发学生贴近生活质疑,展开想象,从而结束教学。

（三）观察实物型课堂结尾艺术

学生的思维活动正处于形象思维向抽象思维过渡的阶段,他们在学习知识时,一般都要从具体事物的感知出发,形成概念的表象,然后逐步形成抽象的概念。根据这一认知特点,在教学结尾时,可出示一些实物,然后引导学生观察,逐渐归纳出这些实物的基本特征,从而结束新课。

（四）巧用多媒体型课堂结尾艺术

随着高科技的迅猛发展,计算机辅助教学(简称"CAI")已逐渐普及,其教学优势也被人们所认同。合理使用多媒体结束新课,将达到优化课堂教学,提高学生素质的目的。

（五）反问型课堂结尾艺术

如果已经解决了课堂中的问题,进行到结尾时可以尝试提出问题。

【例】在教学"长方形的认识"归纳出长方形的特征后,可以反问如果将长方形截去一个角,得到什么图形? 如果将长方形模型的一组对角拉一拉得到什么图形? 这样结尾可以培养学生的探索精神,从而发展他们思维的独立性和创造性。

（六）变换思维角度型课堂结尾艺术

培养学生的发散思维能力,关键在于引导学生不拘泥于问题的某一方面,而应从不同的角度去思考问题。一堂课的结束,并不意味着教学内容的终止,教师应把课内学习延伸到课外,让学生回味无穷,保持旺盛的学习热情。

实践证明,变换思维角度、发散学生的思维,是培养学生思维能力行之有效的方法,能使学生对问题的认识更加清晰、深刻、全面。

【例】教学"反比例应用题",全课结束前,设计这样一个思考问题:例4是用反比例知识解答的,你能用正比例知识解答吗? 该怎样解答? 这样课内课外相辅相成,新旧知识巧妙结合,起到较好的互补作用。

（七）概括型课堂结尾艺术

课堂教学的结尾,学生受"近因效应"的影响,学生的大脑皮层处于兴奋状态。因而，教师更应注意通过寥寥数语，由博返约，简便地概括出全课实质，使学生对所学内容印象深刻，使用起来得心应手。

（八）复现型课堂结尾艺术

复现是指所学知识与技能的重现。教师要对学生已学的知识内容进行精心归纳、概括、梳理、串联等艺术处理，用精练、巧妙的语言，生动、有趣的形式，有重点、有目的地重现。以加深学生对所学知识内容的理解，加强他们对所学知识的记忆和灵活运用。

（九）开放型课堂结尾艺术

开放型结尾教学艺术，是教师把学生学习到的知识技能，与外界环境进行恰当联系，为学生提供一些智趣相融、富于思考的问题，激发学生探究真知的情趣，指导学生的课后实践，解决实际生活中的问题。这样课内指导课外，理论与实践结合，开阔学生视野、拓展学生思维，完美实现教育目的。

（十）悬念型课堂结尾艺术

悬念型结尾教学艺术，是教师根据教学的需要和培养创新人才的要求，精心设计一些富有启发性的问题，暗示新的学习内容，以激发学生的好奇心、求知欲和学习热情的课堂结尾方式。

四、常见课堂结尾方法及例析

编筐编篓，重在收口。一个完美的结尾，不仅要有好的形式，而且还要有好的、具体的方法。下面就语文教学中几种较有特色的结尾方法列举如下：

（一）配乐激情式结尾

语言是一种表情达意的工具，这就决定了语文教学的情感性。语文教学渗透着强烈的情感教育，对培养学生良好的情感品质，诸如爱国主义情感，英雄主义情感，助人为乐品质，积极进取品质等等有着得天独厚的条件。在语文教学艺术里，教师的情感居主导地位，在教学结尾时，教师可借助音乐这一最直接表达情感的方式将文章所蕴含的情感推向高潮。

（二）比赛式结尾

根据学生好胜和乐于表现的心理，围绕教材内容选择题目，使学生在比赛中结束一堂课的学习。

【例】教学《跳水》一文时，教师在引导学生朗读课文，议论后，提出老师和学生分别在 3 分钟内，用简单的词语和线段，独立设计一幅表示猴子、孩子、水手、船长之间的联系图，学生个个兴趣浓厚，开动脑筋，各显身手，在师生分别展示自己的设计图时，学生显得异常兴奋。整堂课达到高潮，在板书设计图展示中结束。

比赛的内容是多种多样的，可以是比赛精彩片段的背诵，可以是比赛查字、词典，还可以比赛写作文等。

（三）表演式结尾

中学语文教材中，有很多课文都给学生留下了想象的空间，为学生展开想象的翅膀，发展和培养逻辑思维能力，创设了很好的条件，同时也为课堂结尾提供了更多的设计素材。

（四）推测式结尾

一篇好的文章往往会使人觉得言虽尽而意不尽。在讲读结束时学生进行推测性想象，有助于培养学生形象思维和逻辑思维能力。

（五）延伸式结尾

即根据语言内容，将阅读任务适当延伸，既有助于本课的学习，又点明课外阅读的内容，在课外阅读中加深对课文的理解。

【例1】《赤壁之战》的教学结束时，大多数学生意犹未尽，这时可把握时机有选择地引导学生阅读《三国演义》中与课文有关的某些故事，如《庞统进献连环计》《黄盖巧施苦肉计》等。

【例2】《大海的歌》结束时，要求学生搜集有关祖国海洋，港口建设方面的文字和图片，举办一次祖国、港口建设成就展。

（六）故事式结尾

在新课结尾时结合教学内容，讲述一些科学童话和科学家们的故事,激发学生的学习兴趣,让学生在故事中学到知识,形成美德。

(七)演示式结尾

在教学中,有些内容难于理解,在课堂教学结束时运用直观形象的演示或实验作为结尾,可以突出重点,化解难点,激活学生头脑中的表象,发展形象思维。

(八)绘图式结尾

此方法是将文章中涉及的主要事物或意境以简笔画的形式勾画出来,达到提炼或深化课文内容的目的。

(九)比较异同式结尾

在课终之时,将教学内容中那些意义相近或相异的内容进行比较,同中求异、异中有同,培养学生的比较鉴别能力。

【例】《草船借箭》一文教学时,有位教师是这样结尾的:

教师:同学们对文章或课题有什么疑问吗?

学生1:老师,我看课题改为《草船骗箭》好,因为诸葛亮是用欺骗的手段从曹操那里骗到箭的。

教师:这样改行吗?

学生2:我觉得"借"好,后来火烧赤壁时,诸葛亮不是把箭还给曹操了吗?(很幽默)

教师:同学们分析得很好。

通过比较看出"借""骗"仅一字之差,但感情、立场、目的却迥然不同,可见用词时不能离开中心,还要分清感情色彩。

(十)提问式结尾

即根据课堂教学重点和难点,以提问的方式引导学生进行总结,强化对该知识的理解和记忆。

【例】在教学"圆锥的体积"时,可以用提问结束教学。

问题一:"圆锥的体积等于圆柱的体积"这种说法对吗?为什么?

问题二:把一个圆柱削成一个等底等高的圆锥,体积要减少几分之几？

（十一）悬念式结尾

电视连续剧和章回小说之所以吸引人，是因为它们的故事情节环环相扣，且故事发展到千钧一发之际，人物生死存亡在旦夕之间，戛然而止，教学结尾运用此法，效果颇佳。

（十二）渗透式结尾

渗透式结尾，除了对本节课内容进行总结外，还对下节课内容作一些知识的渗透。

（十三）猜谜式结尾

即根据本节课内容，巧设谜语，让学生在猜谜中掌握知识，结束本堂课的教学。

（十四）回味式结尾

回味式结尾就是教师用意味深长的言行让学生在回味中思索、在回味中感悟、在回味中进步，使学生回味无穷，感慨良多，获益匪浅。

【例】讲《背影》一文时，教师不妨用深情的语言作结："俗语说：严父慈母。而朱自清的《背影》却给我们展示了一位慈父的生动形象。他爱子如命，他处境艰难，他至情至爱。同学们，让我们拿起手中的笔去书写自己的衣食父母，去讴歌我们的家庭生活吧！"紧接着播放乐曲《我想有个家》，让学生在优美动听的乐曲中回味"家"的温馨和父母的温情，以唤起同学们对父母，对家庭的热爱之情。

第七讲　学生学习及其指导艺术

目前我国中学学生的学习负担过重,升学压力很大。一部分跟不上学习进度和学习吃力的学生对学习产生反感,与学校和老师的对抗情绪较大。在教师和家长的双重压力下,发生厌学、逃学、混学以致于转学情况的学生所占的比例很大。学生学习方法停留在"老师叫怎么学就怎么学"的状况。学生学习的常规基本方法掌握得不好,根本谈不上根据不同学科、不同教师的教学风格和个人的实际情况采取适合自己的学习方法。学生对教师的依赖性很大,较普遍的是单纯地把学习不好的原因归咎于教师,而主动地、独立地追求知识的意识相当淡薄。这些都表明,教学改革迫切需要深入"学"的领域。

加强学习指导,提高学习能力,能够实现在减轻学生学习负担的同时提高学习质量。这并不是什么深奥的道理,也没有什么奇特的窍门。从根本上说,教学是教师和学生的双边活动,只有教师的积极性、主动性,没有学生的积极性、主动性,教学工作是无法做好的。对学生的学习而言,学生的学习品质和能力是内因,教师和教学条件是外因,外因必须通过内因起作用。然而,这样明显的道理却常常被有些教育工作者忽视。为改进教育工作,可以说他们是呕心沥血、精益求精,而对学生如何学、如何能学好,则关心不够,做得甚少。

一、学习的定义

学习是一种既古老而又永恒的现象。纵观古今中外学者关于学习概念的论述,比较有代表性的有十种:说文解字说、行为变化说、经验获得——行为变化说、信息加工说、学习功能说、学习认识说、学习活动说、学习"求知"说、学习"效应"说和学习"内化"说。

从学习科学的角度来研究学习,我们认为要通过两个方面来理解学习的概念。第一,从学习的外延来看,学习在第一层次上泛指包括动物和人类的学习在内的一切学习活动,也称为广义的学习;第二层次,次一级的学习,是指人类的学习,也称为狭义的学习;第三层次,是指在校学生的学习,平常也称之为"读书";第四层次,是指学生的具体的某一次上课,也称之为课堂学习。而我们通常所讲的学习一般是指人类的学习或在校学生的学习。第二,从学习的内涵来看,学习就是主体与环境相互作用,经过内化而获得经验并外化为行为表现的活动。所谓"主体",即参加学习活动的主体,可以是个体(个体学习),也可以是群体(集体学习)。所谓"环境",是指学习的客体、学习的外部刺激。这个客体包括社会生活和社会实践等直接因素,也包括各种书刊、实验设备、电教手段等间接因素。所谓"内化",就是客体作用于主体的学习过程,通过"感知——理解——巩固——运用"的学习过程。所谓"获得经验",是指个体或群体参加学习活动获得的以内隐的知识形态表现的结果。所谓"外化",就是主体反作用于客体的学习过程,其所获得的结果是表现于主体的外显的行为变化。所谓"活动",反映了学习既是一种认识活动,又是一种实践活动。从发展的意义上讲,学习是促进学习者身心的全面发展,即德、智、体等方面的全面发展的过程。总之,学习活动应包括学习的主体、学习的客体和学习活动的结果三个基本要素。

二、学生的学习

学生的学习是指学生在教师的指导下有目的、有计划、有组织、自觉地掌握一定的系统知识技能,形成一定的能力和品德,发展智力和体质的社会实践活动。学生的学习是人类学习的重要阶段和特殊表现形式,是学校教学活动的主要内容。根据新课程的学习目标设计,学生通过学习,必须在基本知识的掌握,基本能力的形成,良好的行为习惯和积极的情感、态度、价值观的培养方面达到课程设计的目标。

学生学习具有如下特点：从学习内容看，以系统掌握间接经验为主；从学习形式看，是在教师的传授和指导下进行；从学习的目的性看，主要是为参加未来社会的建设作准备；从学习的安排看，时间和内容都相当集中。

学生的学习必须具备以下条件：

一是学校教育过程中的学习环境，比如各级各类学校、各种教学组织单位等；

二是构成学习的基本要素，比如教师、教材、教学的调控手段等；

三是学习效果的评估机制，比如成绩考核鉴定、升级升学考试等。

（一）从广义的人类学习的作用分析

1.学习是个体生存的必要条件

动物和人的生活都离不开学习，学习是动物和人与环境保持平衡、维持生存和发展所必需的条件，也是适应环境的手段。

动物和人为了生存下去，还必须通过学习获得个体经验。这种后天习得的行为经验可适应相对迅速的变化，与先天本能相比，其意义显然要重要得多。然而，学习对个体生活的作用和重要的程度，在各种动物之间的差异很大。越高等的动物，生活的方式越复杂，本能行为的作用也越小，学习的重要性就越大。低等动物习得的行为很少，获得的速度也很慢，学习对其生活可以说不起什么作用。

人是最高等的动物，生活方式极为复杂，固定不变的本能行为最少。人类行为的绝大部分是后天习得的，学习的能力以及学习在人类个体生活中的作用也就必然是最大的，人类有动物不可比拟的学习能力，可以迅速而广泛地通过学习适应环境。总体来看，人和自然界的其他动物如狮子、老虎甚至麻雀相比，很多方面都处于劣势，人能够成为万物之灵，靠的就是学习。

2.学习是促进个体成熟的主要途径

随着年龄的增长,人的生理和心理会逐渐成熟。但成熟并不是完全脱离环境和学习影响的纯自然过程。关于人类学习对成熟的促进影响,瑞士著名儿童心理学家皮亚杰认为,必须通过技能的练习来促进儿童的成熟。他认为,儿童年龄渐长,自然及社会环境影响的重要性将随之增加。

心理学家怀特对初生婴儿眼手协调的动作训练的实验研究,说明了学习和训练对成熟的促进作用。怀特发现,经过训练的婴儿,平均在 3.5 个月时便能举手抓取面前的物体,其眼手协调的程度相当于未经训练的 5 个月的婴儿的水平。这就说明了学习、训练对成熟的促进作用,学习促进了潜能的表现和能力的提高。

3.学习是提高个体素质的重要手段

学习可以提高人的文化修养。人类在社会历史发展过程中创造了大量的物质文化与精神文化。缺乏一定文化素养的人不能算作真正健全的人,现代社会的新型人才必须是具有较高文化素养的人。

学习可以优化人的心理素质。一个现代社会的新型人才,应该具备诸多方面的良好心理素质,如高尚的品德、超凡的气质、敬业的精神、专一的性格,以及坚韧不拔的意志,等等。这些都可以通过学习来达到。正如萨克雷所言:"读书能够开导灵魂,提高和强化人格,激发人们的美好志向;读书能够增长才智和陶冶心灵。"

4.学习是社会文明延续与发展的桥梁和纽带

美国著名民族学家、原始社会历史学家摩尔根认为,人类社会的历史可概括为三个时代,即蒙昧时代、野蛮时代、文明时代。在蒙昧时代,人类世代相沿地生活在热带或亚热带的森林中,以野生果实、植物根茎为食,还有少部分栖居在树上。随着地壳的变化、气候的改变,人类不得不从树上移居到地面,学会了食用鱼类、使用火、打制石器、使用弓箭、磨制石器等生存的本领,世代相袭。到了野蛮时代,人类又学会了制陶术、动物的驯养繁殖和植物的种植;在这一时代的后期,还学会了铁矿的冶炼,并发明了文字,从而使人类历史过渡到文明时代。

由此看来,人类文明的延续与发展,就如同一场规模宏大而旷日持久的接力赛:前代人通过劳动和生活获得维持生存和发展的经验,不断总结,不断积累,不断提高,形成知识和技能,传给后人。后辈人在学习前人经验的基础上,将知识和技能进一步丰富和提高,以适应时代与环境的变迁。如此代代传递,便形成了一部人类文明延续发展的历史。

另外值得注意的是,由于人类文明在一定意义上存在加速发展的趋势,所以学习活动对人类社会的作用更加明显。

(二)从狭义的学生学习的作用分析

1.获得知识

学生要获得知识,必须经过一定时间和一定形式的学习过程。特别是在当今社会,信息的产生和流通速度高度发展,假如不通过学习,要想快速掌握大量有用的知识是不可能的。

2.发展智力

学生通过学习活动,在掌握知识的同时,也能发展智力和智慧水平。在整个学习过程中,学生的观察力、记忆力、思维和想象力、分析推理和判断能力都得到有效的培养和训练,实践操作能力和注意力都得到不同程度的发展。

3.形成品德

德育是学生学习的主要内容之一,培养学生形成良好的社会意识和社会道德是学校教育的主要任务。通过在校的学习和积极参与一定的社会实践,学生能形成正确的思想和良好的道德品质。

4.增强体质和审美情趣

学生通过体育、卫生知识的学习和美育的熏陶,掌握一定的体育运动技能、卫生保健常识,培养高雅健康的审美情趣,有利于学生的健康成长。

三、中学生学习的指导

学生学习的方法也可以称之为学法,它与教师的教法构成教学方法的完整体系。在教学理论的相关研究中,多数的教学理论专家都不对学法做专门研究,而是统一在教学法中进行。其实这是有一定道理的,因为教学活动是由教和学有机组成的统一体,一旦剥离之后,教便没有对象,学也只是自学,教学活动就名不副实了。

(一)中学生学习的主要过程分析

所谓学习过程,是指学生在学习情境中通过与教师、同学以及教学信息的相互作用来获得知识,掌握技能和能力,培养积极的情感、态度和价值观的过程。作为在校学生,其主要学习过程是在学校的课堂教学中进行的,抓住这个主体环节进行分析,也就是抓住了主要矛盾。

研究中学生的学习,很容易发现整个学习活动包括制订学习计划、课前预习自学、听课、课堂练习、课后作业和课外阅读这些环节,每一个环节都有与之相应的学习方法。

(二)中学生的学法指导

1.中学生的学习程序指导

(1)制订学习计划指导

有计划地进行学习是完成学习任务、提高学习效率的保证。针对不同层次、不同对象、不同能力的人,制订的学习计划也有一定的差异。根据目标、任务的不同,计划分中长期的、短期的、临时性的。制订学习计划既要有针对性,又要讲求实效性。

（2）课前预习自学指导

课前预习自学是为了保证中学生上课时有一定的知识准备和心理准备,更有利于提高课堂的教学质量。就目前中学生的学习现状而言,相当一部分学生的学习方式依然停留在跟在教师后面亦步亦趋的水平上。因此,对中学生的课前预习进行一定的指导是很有必要的,要让中学生学会如何根据课程和自身的实际有效开展预习,逐步引导中学生从不会到学会再到自觉熟练。一旦学生掌握了预习的正确方法,将终生受用。

（3）课堂听课的指导

上课是学生获取知识的主要途径,凡是学习成绩好的学生都有一条共同的经验,就是要听好课,向课堂要质量。有的中学生认识上有误区,认为上课不重要,课堂上没有听到的可以课后自学加以补救。这是一个貌似有理、却是本末倒置的观点,一定要加以纠正。听好课有以下一些具体做法:

一是看,要留神教师的板书。

因为教师的板书内容都是知识点,是关键性的问题,有经验的教师还会对板书中的重点信息加以强化,以利于学生加强理解和加深印象、记忆和巩固所学的内容。

二是听,听课一定要全神贯注。

教师上课不可能把所有知识都写在黑板上,板书的只是极少数知识内容,绝大部分知识还是要靠教师的讲解。如果听的时候分心走神,关键地方没听到,重点内容没听懂,课后的作业练习就问题多多,要比正常情况花更多的时间和精力去做补救性工作。特别是长此以往可能造成恶性循环,直接影响学习成绩的提高。

三是说,课堂上要主动发言。

课堂上主动参与活动既可以避免分心造成走神影响听课,又可以锻炼自己的综合概括能力、口头表达能力和培养在公众场合表达自己意见的胆量。

四是记，要养成记课堂笔记的习惯，掌握记笔记的方法。

俗话说："好记性不如烂笔头。"记性再好，时间长了总有遗忘的时候，记了笔记就可以永久保存，需要时只要一翻出来，所需要的信息就有了。同时，记笔记需要多种感觉器官参与活动，对记忆的质量和保存时间都十分有好处。

五是想，上课要善于用脑，积极思维。

所谓"学问"就是要学要问，上课要有问题意识，要多问几个为什么。新旧知识之间要构建网络体系，善于将理论知识联系实际。学生的思维活跃程度是评价课程质量的一个重要指标，有经验的教师都善于通过各种途径或手段活跃学生的思维，调动学生主动参与教学活动，提高学习效率和效果。

上述"看、听、说、记、想"的听课方法，体现出学生学习时的"五到"。即眼到、耳到、口到、手到、心到。人的多种器官共同参与学习活动能有效提升学习品质，提高教学效果。

（4）课后复习的指导

复习是与课堂听课紧密相连的一种学习活动，课后及时合理的复习不仅对巩固所学知识有利，更是消化知识、加深理解知识的需要，同时还有"温故而知新"的作用。中学生的复习应该包含课后阅读理解和消化课上所学的知识内容、整理笔记和识记应该掌握的材料、复述基本概念原理法则、查缺补漏等内容。

（5）课后作业指导

课后作业是运用知识与实际，解决具体问题，进行能力训练的部分，是理论联系实际的教学原则的具体贯彻。它包括完成教师布置的课题和课外作业，自己根据所学知识进行观察实验活动、社会调查和论文写作等内容,这些都属于知识运用的范畴。

(6)课外阅读指导

课外阅读是中学生自觉拓展知识视野、增加智力营养的重要手段。目前,中学生的阅读普遍存在比较杂的问题。一是不少教师不注意对阅读能力的训练和阅读习惯的培养,缺少这方面的要求和指导;二是社会现代化的进程加快,信息的生产和传播速度受网络的支持而极其畅通,网络快餐文化泛滥,影响了学生对优秀经典著作的阅读兴趣。因此,必须有目的地对学生进行课外阅读的指导和训练,包括选择阅读内容、指导读书方法、学会使用工具书和做读书笔记、开展阅读比赛等。

2.中学生的学习艺术指导

讲究学习艺术是为了获得良好的学习效果,可以概括为七个“三”和两个“四”,具体做法为:

(1)三种学习状态:苦学,是指学生学得比较吃力辛苦,强调打疲劳战、消耗战,“头悬梁、锥刺股”,学生很难享受学习的乐趣。好学,是指学生对学习有浓厚兴趣,达到“如饥似渴”的程度,一般都会比较自觉去学,不用过多约束。会学,是学生已经掌握了学习的方法,取得了比较理想的效果,能较多地尝试学习新事物和享受学习的快乐。

(2)三种学习境界:第一种,总是站在知识系统的高度把握知识。不会紧跟着教师走、教什么学什么、怎么教怎么学,而是能够主动地从整本书的系统性出发,站在系统的高度去把握知识。第二种,追根溯源,寻求事物之间的内在联系。避免囫囵吞枣的死记硬背,对知识的结构体系弄通吃透,是学习的重要品质,只有从根源上摸清楚知识的来龙去脉,才能学得深入并理解透彻。第三种,发散思维,养成联想的思维习惯。思维习惯的培养是教学的一项重要任务,学会多视角、多维度思考问题,对培养发散性思维、进一步养成创新思维能力很有帮助。

(3)三个学习要点:多读书,注重基础;多思考,注重理解;多重复,温故知新。这是学习的最基本也是最重要的三点。只有多读书,有了量的积累,才有可能引发质的变化;多思考要强调理解;同样,多重复是帮助记忆的重要手段。只有多重复才能有效巩固所学知识并达到"温故知新"的目的。

(4)三种学习精神:不唯书、不唯师、不唯一。书本知识记录的是前人积累的知识,对于前人的经验应该有一种正确的态度,即给予应有的尊重。但是,对于学生个人来说,书本知识是间接知识,对现实社会的适应性究竟有多大,应该大胆怀疑和大胆求证。教师是学生学习的引路人,闻道在先,肩负传播科学知识、促进学生全面发展的重任。但是,受客观条件的影响,教师不可能全面掌握所有知识并保证百分之百的绝对准确性。因此,学生的学习不唯书、不唯师、不唯一,就是要培养独立思考能力和创新精神,这是现代教育十分重要的品格。

(5)三条学习原则:自觉性、主动性、独立性。学生的学习过程包括教师、学生、教学中介条件,其中教师和学生都是人的因素,教学中介条件主要是物的因素。根据马克思主义哲学的观点,在促进事物变化的要素中,人的因素第一,内因是变化的根据。因此,学生的自觉性、主动性和独立性是学生内因作用的发挥,是学习主体性的根本体现,也是取得好成绩的三条根本原则。

(6)三种学习技能:学会快速阅读、学会快速书写、学会做笔记。学生的学习必须有扎实的技能作保证,快速阅读、快速书写和会做笔记是最重要又最基本的技能。就目前的现状来看,无论哪个层次的教学,针对这三种技能的训练都严重不足,直接影响学生学习质量的提升和以后进一步接受继续教育的可能性;从更高的层次上看,还影响到整个国民素质的提升,因为一个民族的阅读量和阅读水平是衡量一个民族文化素质的重要指标之一。

(7)三种学习能力:独立探求知识的能力、与他人合作的能力、流畅的表达能力。独立探求知识的能力实际上就是自学能力,学生除了课堂教学有教师指导讲授之外,大多数情况下是要自学的,而自学能力是需要培养的。学什么、怎样学、怎样评估学习效果,都需要训练。现代社会是合作型的社会,必须培养合作精神。就学校的学习活动来说,同样充满合作因素,与教师合作,与同学合作,营造一种和谐的学习生态,共同完成学习任务。流畅的表达能力包括口头表达和文字表达两个方面,不仅文科重视表达能力,理科同样要重视表达能力的培养和训练。

(8)四种思维品质:敏捷性、深刻性、整体性、创造性。思维的敏捷性是指对问题的反应速度比较快,能够走在教师的前面去思考问题。深刻性是指思维的抽象逻辑水平比较高,思考问题达到一定的深度。整体性是指有系统的观点,想问题从整体出发,关注事物。创造性是指有创新意识和创新精神,不墨守成规,求异求变。目前,素质教育所追求的一个重要目标就是要通过有效教学培养学生良好的思维品质。

(9)四位良师益友:自信、课本、同学、教师。自信是学生学习的第一位老师,缺乏自信的人缺乏动力和勇气,也就等于失去自信这位教师。课本是第二位老师,教师的教也好,学生的学也好,都是依据课本进行的。同学是第三位老师,因为"三人行,必有我师焉"。教师的作用之所以排第四位,并不是轻视教师的作用,而是实事求是地反映教学过程的规律,即教师主要是点拨、引导、启发、释疑、评价、激励,不像前面三个要素那样直接地作用于学生。

第八讲　激励与表扬艺术

第一节　教学激励艺术概述

德国教育家第斯多惠说过："教学的艺术不在于传授本领，而在于激励、唤醒、鼓舞。"随着课改的不断深入，课堂激励已成为广大教师课堂教学的重要手段。本章我们将从教学激励的模式、原则、时机等方面来研究教学激励艺术的运用。

一、激励

激励就是激发鼓励，即激发人的动机，诱导人的行为，调动人的积极性、主动性和创造性，实现目标的心理活动过程。通过激励，在某种内部或外部刺激的影响下，使人始终维持在一种兴奋状态中。

自20世纪二三十年代以来，国外许多管理学家、心理学家和社会学家结合现代管理的实践，提出了许多激励理论。这些理论按照形成时间及其所研究的侧面不同，可分为行为主义激励理论、认知派激励理论和综合型激励理论三大类。

（一）行为主义激励理论

20世纪20年代，美国风行一种行为主义的心理学理论，其创始人为华生。这个理论认为，管理过程的实质是激励，通过激励手段，诱发人的行为。在"刺激——反应"这种理论的指导下，激励者的任务就是去选择一套适当的刺激，即激励手段，以引起被激励者相应的反应标准和定型的活动。

新行为主义者斯金纳在后来又提出了操作性条件反射理论。这个理论认为，激励人的主要手段不能仅仅靠刺激变量，还要考虑到中间变量，即人的主观因素的存在。这一理论表明，人们的行为不仅取决于刺激的感知,而且也决定于行为的结果。当行为的结果有利于个人时,这种行为就会重复出现,这就起到了强化、激励的作用。如果行为的结果对个人不利,这一行为就会削弱或消失。所以在教学中运用肯定、表扬、奖赏或否定、批评、惩罚等强化手段,可以对学习者的行为进行定向控制或改变,以引导到预期的最佳状态。

(二)认知派激励理论

认知心理学派认为,把行为简单地看成人的神经系统对客观刺激的机械反应,这不符合人的心理活动的客观规律性,对于人的行为的发生和发展,要充分考虑到人的内在因素,诸如思想意识、兴趣、价值和需要等。因此,这些理论都着重研究人的需要的内容和结构,以及如何推动人们的行为。如马斯洛的"需要层次论",奥德费的"生存、关系、成长理论",戴维·麦克利兰的"成就需要论",弗雷德里克·赫茨伯格的"双因素理论",佛隆的"期望理论",海德等的"归因理论",亚当斯的"公平理论"等等。

认知派激励理论强调,激励的目的是要把消极行为转化为积极行为,以达到组织的预定目标,取得更好的效益。因此,在激励过程中还应该重点研究如何改造和转化人的行为。

(三)综合型激励理论

行为主义激励理论强调外在激励的重要性,而认知派激励理论强调的是内在激励的重要性。综合型激励理论则是这两类理论的综合、概括和发展,它为解决调动人的积极性问题指出了更为有效的途径。

心理学家库尔特·勒温提出的场动力理论是最早期的综合型激励理论。外界环境的刺激实际上只是导火线,而人的需要则是一种内部的驱动力,人的行为方向决定于内部系统的需要的强度与外部引线之间的相互关系。如果内部需要不强烈,那么,再强的引线也没有多大的意义。

波特和劳勒于1968年提出了新的综合型激励模式,将行为主义的外在激励和认知派的内在激励综合起来。这个模式中含有努力、绩效、个体品质、能力、个体知觉、内部激励、外部激励和满足等变量.

在这个模式中,波特与劳勒把激励过程看成外部刺激、个体内部条件、行为表现、行为结果相互作用的统一过程。一般人都认为,有了满足才有绩效。而他们则强调,先有绩效才能获得满足,奖励是以绩效为前提的,人们对绩效与奖励的满足程度反过来又影响以后的激励价值;人们对某一作业的努力程度,是由完成该作业时所获得的激励价值和个人感到做出努力后可能获得奖励的期望概率所决定的。很显然,对个体的激励价值愈高,其期望概率愈高,则他完成作业的努力程度也愈大。同时,人们活动的结果既依赖于个人的努力程度,也依赖于个体的品质、能力以及个体对自己工作作用的知觉。

总之,各种流派的激励理论根据人类行为的基本模式,从不同角度研究了人的动机激发的因素、机制与途径等问题,这为我们对如何进行有效的教学激励提供了不同的激励途径和方法。

二、激励在当代教育中具有重要的地位和作用

(一)激励已成为现代教师的重要育人方法

据《辞海》所讲,"激励"的意思是"激发使振作",即"振奋,奋发"。通过激励,在某种内部或者外部刺激的影响下,使人始终维持在一个兴奋状态中。从广义而言,激励就是调动人的积极性;从狭义而言,激励就是一种刺激,是促进行为的手段。

当今我们正处于一个剧烈变动的时代,教师从来没有像今天这样面临空前的压力和挑战。一个出色的教师,必须具备推动事业发展,带领学生前进的各种能力,如决策能力、动员能力、激励能力、组织协调能力、开拓创新能力等。教师应学会用艺术的方法来激发学生的学习潜能,提高其学习的积极性、主动性和创造性,让平凡的人干不平凡的事。

(二)激励是现代教师的重要职能

行为科学告诉我们,一个人的工作业绩不仅取决于他的工作能力,而且要看他的工作动机被激发的程度。从教学角度看,人的行为都是受到一定的激励而产生的。每个人所拥有的能力和他在工作中发挥出的能力是不等价的,人所拥有的能力称为潜在能力,人在工作中展现的能力称为发挥能力。人在不同的工作状态下,发挥出的才能是相当悬殊的。一个人能力的发挥,在很大程度上取决于激励。在现实生活中,我们也常常可以看到这样一种情况,一些能力相当的学生常常会取得不同的成绩,甚至能力差的人还有可能比能力强的人做得更好。这实际上与教师对学生的激励有很大的关系。教师如果能恰到好处地运用激励艺术,往往就会收到意想不到的激励效果。因此,教师的重要任务之一就是采取一切措施,用激励方式最大限度地增强学生的工作积极性,发挥学生的能力。

三、教学激励的概述

教学激励,就是教师激发学生的学习动机,调动其积极性和创造性,使其朝着所期望的教学目标努力前进的过程。著名特级教师钱梦龙曾这样说过:"教育,就是给人积极向上的影响力,教学艺术就是激励的艺术。"教学激励的主体是教师,教学激励的客体(对象)是受教育者,即学生。每一个学生都有发展的潜能,都有成才的愿望和需要,都可以在原有基础上获得发展。教学激励是在尊重学生主体的基础上,通过创造各种优化的外部条件,建立积极的教学时空环境和情感体验,激励学生的内驱力,从而使学生形成自主学习、自我教育的学习内部动力机制,促使他们在品行、学业和个性等方面获得全面发展。

(一)教学激励的目的是促使学生发现和发展自我

教学激励的起点是将学校的具体培养目标与学生的实际发展水平结合起来,通过向学生提出具体明确的任务、要求促使学生发现和发展自我。在这样的过程中,教师提出的每个要求都应具有针对性,为学生才能的展示提供表现机会,通过以长扬长、以长补短,帮助学生发现自己的闪光点和存在价值,激发学生的归属感、有用感、潜能感和自我成就感,并不断向更高、更远大的方向努力。

（二）教学激励的内容具有期望性

积极期望是教师根据对学生的认识和发现，作出符合客观实际情况的、学生当前与未来向上发展的推断与预测，这种期望包括对学生学业成绩、课堂行为的关注，对学生个性发展有意义的所有方面如情感、意志、性格、兴趣、才能等的关注，对学生现实表现行为的未来发展预测，对学生未表现出来的潜能的开发与唤醒。对于正在成长中的学生，教师的积极期望不仅对于其个性的发展起着导向和强化作用，而且是形成学生积极的自我意象，建立学生自我期望不可缺少的重要环节，是学生发展的内在动力。

（三）教学激励的过程是实现教师积极期望向学生自我期望良性发展的动态过程

教师对学生的积极期望体现了对学生人格的尊重、能力的信任、发展的关心。学生的"向师性"特征，决定了学生乐于接受教师的教诲，希望得到教师的注意、关怀、理解和信任，并努力向教师期望的方向发展。在这样的教育过程中，教师积极期望作为外在的行为目标诱因，能够让学生在积极情感作用下努力进步，体验成功，唤醒学生内心潜在的自我价值意识和向上的要求，激发学生学习行为的心理动力，把"要我做"变成"我要做"。逐步促使学生主动确定发展的目标和前进的方向，不断提高对后续目标的自我期望和抱负水平，向自我期望的方向发展，从而提高学生的自我教育、自我发展能力。

第二节　教师激励的出发点和角度

一个优秀的教师不一定要在各个方面都比学生强，而在于具有调动学生积极性的能力。激励不仅是重要的教育和管理手段，而且是一门高深的教育和管理艺术。中学教师对学生的激励和鼓励，会使他们发挥更

大的积极性和创造性。激励的方法虽然多种多样,但大体上可划分为如下几个类型:

一、目标激励

心理学家弗鲁姆在《工作与激励》一书中认为,目标对一个人的动机激发有一定影响,而这个激发力量的大小,决定于目标价值和期望概率两个因素。其公式是:激励力＝效价×期望概率。任何时候一个人从事某一行动的动力将决定于他们行动之全部结果的预期价值乘以那人预期这种结果将会达到所要求的目标的程度。

心理学认为,期望是心理需要的一种表现形式,与需求有着密切的关系。当人们有了某种内在的需要,就会用行动去实现目标,以满足需要。目标本身就是一种激励力量,能推动人的行动。但目标应该是学生认同的、具体的,并有适当难度的。因此,要对学生进行学习目标和意义的教育,使学生认识到,学习的最终目的是自身的发展和学"做人",一次或几次考试不是评价成功与否的唯一标准,从而使学习差的学生克服自卑感,重新正确认识自己。因此,教师要采取适当的激励措施,激发他们学习的积极性。

二、形象激励

形象激励,主要是指教师的个人形象及教师的思想和行为对被教育者能够起到明显的激励作用,从而推动各项教育工作的开展。教师的一言一行往往会影响学生的精神状态。教师形象是好是坏,学生心中自有一杆秤。如果教师要求学生遵守的,自己首先违背;要求学生作到的,自己总是做不到,他的威信和影响力就会大大降低,他的话就会失去号召力,学生将会表面上服从,而在背后投以鄙夷的眼光。如果教师以身作则、公道正派、言行一致、爱岗敬业、平易近人,就会得到学生广泛的认可和支持,就能有效地督促学生恪尽职守,完成好工作任务。因而教师应把自己的学识水平、品德修养、工作能力、个性风格贯穿于处世与待人接物的活动之中。

现代心理学家把模仿看做是人格完善的重要因素。实践证明榜样的力量是巨大的，它是一面旗帜，具有生动性和鲜明性，说服力最强，最容易在情感上产生共鸣。

三、情感激励

情感，是人们情绪和感情的反映，是人对客观事物所持的态度和体验，它是在活动中产生的，又对活动产生巨大的反作用。情感激励既不是以物质利益为诱导，也不是以精神理想为刺激，而是指教师与被教育者之间的以感情联系为手段的激励方式。教师和被教育者的人际关系既有规章制度和社会规范的成分，更有情感成分。人的情感具有两重性：积极的情感可以提高人的活力；消极的情感可以削弱人的活力。重感情，讲情谊，是当前学生的显著特点，教师应以良好的情感去感染学生。沟通情感，建立情谊，是进行思想教育的重要方法和基础。一般来说，学生学习热情的高低，同教师与学生的交流多少成正比。古人云"士为知己者死，女为悦己者容""感人心者，莫过于情"。有时教师一句亲切的问候，一番安慰话语，都可成为激励学生行为的动力。"亲其师，方能信其道"，与学生进行情感交流的方法主要有两种：一是靠说，以理服人；二是靠情感，以情感人。现代教师不仅要注意以理服人，更要强调以情感人。要舍得情感投资，重视与学生的人际沟通，变单向的工作往来为全方位的立体式往来，在广泛的信息交流中树立新的教师行为模式，如学习、家庭、生活、娱乐、工作等等。教师可以在这种无拘无束、学生没有心理压力的交往中得到大量有价值的信息，交流思想感情，从而增进了解和信任，并真诚地帮助每一位学生，使班级内部产生一种和谐与欢乐的气氛。

四、需要激励

需要激励理论认为：需要是产生行为的原动力，是个体积极性的源泉。从需要着手探求激励是符合心理规律的有效途径。需要层次理论将人的基本需求由低级到高级分为五个层次。即生理的需求、安全的需求、归属的需求、尊重的需求、自我实现的需求。其中生理的需求就是保障人们生存的物质享用方面的需要，只有这种最基本需求被满足到所维持生命所必须的程度后，其余的几种需求才能成为新的激励因素。安全的需求就是人身安全、劳动安全、职业安全、财产安全等等。归属的需求是人们愿意建立友谊关系，渴望得到支持和友爱，希望归属于某一群体，为群体和社会所接纳。尊重的需求是指人都有自尊和被人尊重的需要，希望获得声望和权威，取得成绩时，希望被人承认赞赏。自我实现的需求是人最基本需求的最高层次的需求，这种需求意味着人们希望完成与自身能力相称的工作，使自身的潜在能力能够发挥出来。

需要层次理论告诉我们，需要的满足因一个人在组织中所做的工作、年龄以及个体的文化背景等因素的不同而有所差异。因此，教师在激励学生时，应针对不同的对象与其不同的需要进行激励。只有掌握了学生的需求才能积极创造条件去满足学生的需要，有目的地引导需要，才能有针对性地做好教师工作，从而达到激励学生积极性的目的。

五、心智激励

过去有人片面地认为，激励就是调动学生的积极性，让学生想学、愿学，有热情，心情舒畅，这实际上只说对了一半。激励学生想学、愿学是对心的激励；更重要的是要让学生能学、会学、创造性地学，这才是对学生心智的激励。激励"心"是前提，激励"智"才是目的。激励从心开始，可以达到对智的激励。哈佛大学教授威廉·詹姆斯通过对员工激励的研究发现，采取激励措施，能够有效激发员工的工作能力。他的研究表明，在没有激励措施下，员工一般仅能发挥工作能力的 $20\%-30\%$，而当他受到激励后，其工作能力可以提升到 $80\%-90\%$，所发挥的作用相当于激励前的 $3-4$ 倍。同样的道理，学生也需要激励。学生的潜能不被激发对教师来说是没有用的，中学教师需要的是学生的效能，而不是学生藏着的潜能，因此教师应将学生的潜能进行激发使之变成效能。这种对心的激励可以带来智力、智慧和创造力的开发,激励心与激励智要结合起来。

六、信心激励

很多时候学生可能对自己缺乏信心,不能清楚地认识和评价自己,尤其是对自己的能力,往往不清楚自己的优势和劣势以及实现目标的可能性有多大。因此,学生需要外界尤其是自己信赖的、尊重的、敬佩的人的鼓励,而来自老师的鼓励则最为可贵,它意味着老师会给自己提供成功的机会和必要的帮助,这无疑会激发学生的需要和激励学生努力进取。因此中学教师应努力帮助学生树立"人人都有长处,人人都能成才"的信心,让学生看到希望,扬起理想的风帆。学生有了信念、动力和良好的心态,就能迸发出巨大的创造力。正像一句广告词说的那样:"只要有激情,一切就有可能。"

七、赏识激励

赏识是比表扬、赞美更进一步的精神鼓励,是任何物质奖励都无法可比的。赏识激励是激励的最高层次,是教师激励优势的集中体现。社会心理学原理表明,社会的群体成员都有一种归属心理,希望能得到承认和赏识,成为群体中不可缺少的一员。赏识激励能较好地满足这种精神需要。

威廉·詹姆斯说:"人性的第一原则是渴望得到赞赏。"教师应做到会赏识激励学生。当学生有进步时,他最需要得到的是认可;当学生获得成功时,他最需要给予的是赞赏,只要这样做,赏识激励就能产生预期效果。有时教师一句让人刻骨铭心的赏识的话,可能会让学生铭记一生,影响终生。对那些有才干、有抱负的学生来说,给予物质奖励,还不如给他一个发挥其才能的机会,使其有所作为。因此,中学教师要知人善任,对有才干的学生,应为其实现自我价值创造尽可能好的条件。对学生的智力贡献,如提建议、批评等,也要及时地给予肯定的评价。中学教师的肯定性评价也是一种赏识,同样地满足学生精神需要,强化其团队意识。

八、挫折激励

实践告诉我们,任何人采取行动的过程中,很少是一帆风顺的,难免要受到这样或那样的挫折。科学家贝弗里奇说:"人们最出色的工作往往处于逆境情况下做出的。"挫折里面往往包含着强大的激励作用,在挫折面前应采取正确行为,改变错误行为,树立正确的态度去对待挫折,战胜挫折。学习过程中同样会遇到挫折,中学教师要适时利用挫折分析原因来激发学生的进取心。

九、责任激励

责任激励是动机产生的重要条件和因素。当今的中学生,很多注重自己的需要和索取,忽视对他人和社会的责任及义务。针对这种思想实际,要让学生明白:人生的过程,就是一个不断担负责任并履行责任的过程,人活着,必然有责任在身。而学生的责任,就是不断学习、争取上进,努力使自己全面发展,以无愧于自己、父母、老师和社会。这样,学生有了责任感和使命感。在这种思想指导下,检查他们的作业、考试、自习、卫生、课间操等各方面的表现,并给予公正、客观的评价,从而使他们的自尊心得到满足。这是调动学生积极性的重要方法。例如,有一些平时学习成绩较好但考试临场发挥差的学生,他们主要是平时内向,不敢出头,心理素质差。教师与其他科任老师经过协商后,上课就多提问这些同学,给他们在众人面前讲话的机会。同时,还多给他们创造机会,让他们担当科代表、小组长等职务,逐步使他们得到锻炼。经过一段时间的实践,他们都能较好地完成本职工作,心理素质也有一定程度的提高,在考试中发挥的水平都较以前正常和真实。

总之,"数子十过,不如奖子一功"。不同的中学生有不同的特点,教师工作如果简单粗暴,很容易造成恶性循环。而实践证明,实施正面激励,对于班级良好风气的形成,对于每个学生全面素质的提高,对于学生的健康成长,对于中学教师卓有成效地开展工作,都无疑是一个行之有效的好办法。

第三节 教学激励艺术的原则

教学是老师教与学生学的过程,是两者互动的过程,在提倡以学生为主体、老师为指导的新课改中,教学呼唤艺术,激励就是一种教学艺术。激励在教学过程中的重要性是促进学生更加发奋的动力,他有其内在原因,并且要讲究方式,遵循其原则。这样才能使教师获得成功的教学。

教学激励艺术的原则主要包括以下几个方面:

一、针对性原则

教师要在全面激励的基础上,充分了解每位学生的性格特征,做到有针对性的激励。例如,对于一位勇敢、胆大、但脾气急躁的孩子,教师要对他的勇敢、大胆给予鼓励,肯定他具有勇者的气概,但也要指出做事必须有勇有谋,不能急于求成,注意沉稳,耐心。对于胆怯、懦弱、自卑的孩子,教师要多表扬,多鼓励,多通过一些小的动作、细节进行暗示,让他意识到自己的优点,增强自己的自信心,还可以让同学帮助他,让他多参加一些集体活动,感受到集体的温暖。

总之,针对性激励教育是激励教育中最重要,也是效果最明显的方式,教师要力争做到一把钥匙开一把锁,做好针对性激励教育。

二、及时性原则

及时性原则是指教师要正确把握对学生进行激励的时机,必须根据学生的表现随时给予评价,以追求激励的最大正效应。心理学规律表明,一个人对事物或问题的注意力持续时间是有限的,因而应抓住学生对激励要求最强烈的时机进行激励。一般情况下,及时的程度与学生的年龄成反比,即年龄越小越要及时。例如,学生朗读课文时,存在伴随发声的兴奋,当其处于"念得不错吧?"这一自我评价时,教师表扬他"念得不错"是适宜的。如果隔了一段时日再来表扬,由于当时的学习活动学生已经淡忘了,难于领会"好在何处",活动之后紧接着的兴奋和感动也消逝了,这时赞美之词已经不具强化力了。

三、适度性原则

适度性原则是指教师进行教学激励的限度既要符合学生取得学习成绩与付出努力的大小,又要注意现有的能力和能够开发的潜在能力。激励不足和激励过度都是不可取的。学生是有自己思维的独立个体,激励不足,不能有效激发学生的学习动力;激励过度,则会让学生形成过重的心理负担,反而达不到预期的目的。激励要适度,应根据具体情况来定,如达不到激励的最低限度,就达不到预期效果;如果言过其实,又会贬低激励的价值,致使吹捧、华而不实等不良风气产生。

四、整体性原则

整体性原则是指教师进行教学激励既要面向全体学生,又要面向教学过程的各个环节。教师要关注全体学生整体、全面的发展,不能仅仅关注个别学生。每个学生都有其优势和弱势的学习品质,对学得快的学生要及时肯定,并鼓励其带动其他人;对学得慢的学生要适当调整标准,允许他们因比"昨天"进步而获奖励,允许他们被帮助后进步而获奖励等。教学激励就是要重态度、重参与、重努力程度、重交流能力等,不仅学习成绩好的学生能够获得鼓励,体验到成功的欢乐,而且成绩差的学生的自尊心与自信心也要受到鼓励。

教师的激励还应贯穿教学全过程。在一个良性动态教学过程中,教学激励应该贯穿始终,包括:引起注意、告知学习目标、激发回忆、提供学习指导、引发学习行为、提供反馈、评估学习行为以及促进保持和迁移等。

五、物质激励与精神激励相结合的原则

人的需要可以分为物质需要和精神需要两个方面。物质激励,即通

过对人们正当物质需求的满足,提高其积极性和创造性;精神激励,即通过对人们的正当精神需求的满足、引导、升华,发挥其积极性和创造性。教学激励应坚持物质激励与精神激励相结合这一原则,在重视精神激励的前提下,兼顾物质激励。在教学活动中,教师鼓励、表扬、赞赏、肯定、尊重、信任等等对学生具有神奇的激励作用,不仅能激发学生积极主动地参与学习、投入学习,而且能让学生在不断受鼓励的情感体验中树立参与学习的信心,使学生在获得经验的同时,逐渐形成良好的自我意识。

另外,适时适度地给学生一定的物质奖励,如颁发奖状、证书、小红花或成果的公开展示等,让他们体会到努力、勤奋、刻苦终能得到回报,从而更加激发他们的学习积极性和工作热情。

六、奖励激励与惩罚激励相结合的原则

奖励能使符合社会期望和要求的行为得以增强、保持、巩固和发展;惩罚能使不符合社会期望和组织要求的行为得到尽快控制、减弱、消除和矫正。奖励是使先进更先进的一种激励方式,是正面激励;惩罚是使后进变先进的一种激励方式,是负面激励。在教学过程中,通常以奖励为主,惩罚为辅,科学合理地处理好奖、惩的关系。评定三好学生、优秀学生干部等荣誉称号及奖学金的发放都是很好的正面激励。但如果正面激励提倡过头,会使部分学生产生优越感,从而脱离学生的集体。因此,在对学生进行奖励时要做到适度、公平、合理。惩罚是负面激励,对犯错误的学生、思想落后的学生,该批评的批评,该处分的处分,对他们的错误不能姑息迁就。只有这样,才能让后进的学生真正认识错误,悔过自新,力争克服缺点,赶上先进。然而,对后进学生进行惩罚时也要注意掌握分寸,因为惩罚尽管能激发人上进的动力,但终会给人带来焦虑、苦恼的内心体验,有的学生可能会因为受到处罚而一蹶不振,丧失了学习的勇气。因此,在实际操作中要宽严结合,并做好处罚后的再教育工作,使受罚的学生心悦诚服,才能收到预期的效果。奖惩要公正、合理、得当,做到赏罚分明,真正找好奖惩结合

点,才能使奖惩激励收到良好的效果。

第四节　教学激励艺术的运用

教学之所以吸引人,贯彻激励性原则便是法宝之一。试想,在课堂上,教师如果总是训人、指责人;学生东也不对、西也有错;学生见你上课,心理就发憷,还哪里谈得上被吸引? 如果我们运用激励艺术,努力发现学生们的闪光点,引导学生克服缺点、改正错误,让学生体验到愉快、享受到尊重、尝试到成功,使之积累愉悦、积累成功、积累甜蜜,就会把学生吸引到学习中来。

一、营造有利于提高学习质量的心理氛围

良好的学习氛围是激励学生学习的基础。教师要善于营造有利于提高学习质量的心理氛围。这种氛围包括和谐的师生关系、学生的安全感,教师对学生内在情绪的敏感度、倾听并接受学生的意见、非批判性师生交流、自尊心的保护以及权利的合理分配等等。

（一）创设和谐的师生关系

苏霍姆林斯指出:"情感如同肥沃的土壤,知识的种子就播在这块大地上。"这就要求教师要在教学中用真挚的情感来感染学生,与学生产生情感上的共鸣。学生在内心接纳了教师,喜欢了教师,就会乐意参加教师组织的教学活动,思维会变得非常活跃,教与学自然也就容易达到共振了。

（二）构建师生互动的平台

良好的认知动机在情感因素的激励下,能产生力求向上的学习心态。教师应精心设计教学情境,启发学生提出问题,并进行分析、研究、探索,要打破沉闷的课堂教学氛围,形成师生之间互问互答的活跃氛围。

二、对每一个学生寄予积极期待

教育心理研究表明:教师的积极期待会对学生的学习兴趣、努力程

度、自我意识发展产生重要影响。1968 年,心理学家罗森塔尔和雅各布森对美国一所学校学生进行了一次"预测未来发展测验"(实为智力测验)。临走前交给校长一份名单,告诉他名单上的学生是"未来的花朵",有很大的"学业冲刺"潜力。8 个月后,罗森塔尔重返该校对全部学生进行一次同样的测验,结果发现,名单上的人(即实验组)果真在智力上比其他学生有更大的提高,有一些简直出类拔萃。事实上,他们所提供的名单是随机的。他们通过自己"权威性的谎言"暗示教师,教师又通过各种态度、表情、行为等体态语言,将这种暗含的期待微妙地传递给学生,其中包括更多的关心、鼓励、提问、辅导,当这些学生获得期望的信息后,也会产生激励效应,于是更加信赖教师,积极行动起来并给教师以反馈。这样,教师教得有信心,学生学得有信心,教和学两方面的智力活动都进入最佳状态,这些"未来的花朵"取得进步是理所当然的。这就是教育心理学上著名的罗森塔尔效应。罗森塔尔认为,这个结果是由教师对学生积极期待产生的。在教学过程中,教师应做到:

(一)相信和尊重每一个学生

中学教师要相信每一个学生都有巨大的发展潜能,都有独特的兴趣、爱好、特长,都有积极向上的愿望和获得成功的要求,都有自我实现的需要和自我发展的创造潜力,教师要善于发现每个人的禀赋、兴趣、爱好和特长,平等地对待每一个学生,为每个学生的表现和发展提供条件。

(二)为学生提供可以感受到的积极期待信息

中学教师在思考问题、处理问题、表达情感时,要充分考虑学生的年龄和个性特征,采用心理换位、移情体验等方法,使学生感受到教师的关怀和期待。传递信息的方式可以是言语的,通过交谈沟通,帮助学生提高认识,发展智能,强化自信;也可以是非言语的,诸如目光、表情、动作、手势等;传递教师对学生肯定、满意、赞赏等积极的情感。

（三）挖掘潜能，发挥特长

中学教师要及时发现学生的潜能，创造条件使潜能转化为现实，通过强化，促使学生认识到自身价值，发现自我；对于学生独特的兴趣、爱好和才能，教师要促使其在参与各种活动中得以展示与提高。这样的过程不仅是教师发现—激励—再发现—再激励学生的过程，而且是学生积极主动发现自我、激励自我，自我意识和自我管理能力不断提高的过程。

三、以学生为中心，把学习主动权交给学生

在教学过程中，如果只是把学生当作一个被动的受体，不但会严重挫伤学生的学习积极性，而且会使学生产生"唯书本为正确，唯教师的讲解为正确"的认识，产生学习的依赖性，不利于培养学生的创造性思维。学生是学习的主体，教学要改变单向灌输、以知识传授为主的传统教学模式，充分发挥学生的主体作用，让学生真正参与到课堂的活动中来。在教学过程的各个环节中，把"备"的重点放在对学生的了解和分析上，把"教"的重点放在学生学习方法指导和对学生分层要求、分类提高上，让他们亲自参与对知识点的分析、归纳和总结，让他们在体验知识的形成过程中，加深对知识的理解和掌握。并尽可能让学生感到是自己在决定需要学什么、怎样学，学习过程中是自己的意志在主导，而不是别人的意志在主导，自己是自己的主人。在这种情况下，在达到目标后，学生会自豪地宣布：这是我的成就。

当然，把主动权交给了学生并不等于削弱了教师的主导作用，而是对中学教师的要求更高了。在课堂教学中，中学教师要设定教学情境，给学生提供自己学习、自己发现问题、解决问题的机会，培养学生善于思考、善于质疑的精神。

【例】一位美术教师在教一年级《剪窗花》一课时，她没有像以往那样：教师一边示范剪窗花，学生一边跟着剪，谁剪得跟老师一样好，谁就是最棒的。而是在课始，教师这样对学生说："大家可以选择自己喜欢的

彩色纸,先将纸折好,然后自己试着剪一剪,看谁的手最巧,剪出的窗花最漂亮! 老师相信,你们一定会剪出最美丽的窗花!"这样激励后,孩子们个个跃跃欲试,显得有兴趣。在接下来的时间里,教师和学生一起剪窗花。正是在这样轻松的氛围中,在这样最朴实、最真诚的激励性语言的期待下,每个学生都投入了极高的学习热情,在教师的指导下,积极开动脑筋,大胆地想象。最后,全班学生创造性地剪出了四十多种五彩缤纷的美丽窗花,教学效果极佳。

四、在"合作—竞争"过程中,激励学生学习

在教学过程中,中学教师适当地引导学生展开合作与竞争,通过学生之间的相互作用、相互影响,将他们潜在的动机变为现实的学习动力,比如在解决复杂问题的过程中,集体的努力当然胜过个人的努力。能力差的学生同能力强的学生一起进行学习活动,能力差的学生在某种程度上能从与能力强的同学合作中获益,对有争议的问题进行讨论,开阔了眼界,激发他们深入思考问题。学习中学生之间开展适当的竞争,学生获得成就感和自尊心的需要更加强烈,潜在的动机被激发,使学生努力克服困难,去获取优异成绩,形成学生之间比、学、赶、帮、超的学习局面。

在合作—竞争激励过程中应注意以下两点:

1. 在激励过程中,竞争的运用必须合理,不能频繁地开展竞争活动,否则会造成过度紧张的气氛,加重学生的学习负担,引起学生的过度焦虑,反而造成负面影响。

2. 中学教师要对学生之间的合作与竞争给予关注与调控,防止和消除在此过程中因竞争过度而造成的不良后果。

五、在"反馈—评价"过程中,激励学生学习

心理学家罗西和亨利曾做过一个著名的反馈效应心理实验:他们把一个班的学生分成三组,每天学习后就进行测验,测验后分别给予不同

的反馈方式:第一组每天告知学习结果,第二组每周告知一次学习结果,第三组只测验不告知学习结果。结果第一组的学习成绩最好,第三组最差。8周后将第一组和第三组的反馈方式对调,第二组反馈方式不变,实验也进行8周。反馈方式改变后第三组的成绩有突出的进步,而第一组的学习成绩逐步下降,第二组成绩稳步上升。

这一实验表明,学生能否从教师处获得及时的反馈,对其学习效果影响显著。通过反馈,学生可以清楚地知道自己的优点和缺点,及时纠正和调整,并能激发起他们的上进心。在反馈的同时要给学生以适当的评价,如果学生得到了积极正面的评价,那么他就会感到,他得到了外界的认可,他的努力没有白费,学习积极性和上进心就会增强。如果得到了不良的评价,学生或多或少会产生一种失意的心理,但有可能其成就需要与价值承认的需要会更加强烈,他们就会以更加努力的姿态去获取成绩、获得认可。在反馈—评价激励中应注意:

1. 评价时不仅要重视终结性评价,更应关注形成性评价和诊断性评价,把三种评价有机结合,构建多元化评价体系,促进学生的全面发展。

2. 反馈、评价的结果必须客观准确,评价要多带鼓励性。

3. 反馈、评价应及时。及时的反馈和评价,学生对刚学过的东西有鲜明的记忆印象,对自己的优缺点有了清楚的认识后,便于及时调整自己的学习活动。

4. 反馈、评价时应指出学生形成评价结果的原因,帮助其正确归因,使其明确今后努力的方向。

六、激励方式

无论是从学生心理所需要的尊重,还是教师对学生的爱,都与教师对学生的激励分不开,因为激励的力量是无穷的。作为一名教师,了解到激励在自己与学生之中的主要性,就应该不断探索激励学生的方法,在教学实践中可以运用以下的激励方式:

（一）目标激励

学生在学习时都希望取得一定的成绩,有成就感的需要。教师抓住这点,设置适当的目标,发挥目标的激励作用,激发学生,充分调动学生的积极性。目标设置要合理,它直接影响到目标激励的效果。合理的目标应有价值性、挑战性和可能性。目标的价值性就是目标对班级和个人有意义。价值越大,激励作用也越大。目标的挑战性就是实现目标所需付出的努力程度而言。如果一个目标不需花太大的力气,甚至唾手可得,激励作用就不大。目标的可能性是说目标经努力有实现的可能,如果让人觉得目标可望不可即,则会影响学生的积极性。

（二）兴趣激励

托尔斯泰说过:"成功的教学需要的不是强制,而是激发学生的兴趣。"兴趣激励就是针对学生求新求趣的心理特点,激起他们的学生兴趣,促使其主动学习。心理学认为,兴趣是认识某种事物或某种活动的倾向,这种倾向可以使人们积极地观察和认识事物。在学生学习动机中最现实、最活跃成分是认识兴趣——求知欲。激励兴趣方法较常用的有以下几种:

1.设疑法

这种方法是教师提出一些有趣的问题,引导学生进行积极而有效的思考,增加学生学习兴趣,因而,这种方法又叫设疑引趣法。它尤其适用于新课的引入。

2.幽默法

法国著名演讲家海因兹·雷曼麦有句至理名言:"用幽默的方式说出严肃的真理。"比直截了当地提出更易让人接受,运用幽默可以引起学生注意,让学生在笑声中接受教育,从而激发学生产生学习兴趣。

3.故事法

语文课堂适当运用与课文内容相关的生动而有趣的故事贯穿全文,引导学生领悟其道理,让学习充满兴趣,学生学起来自然就全神贯注,兴趣盎然。

（三）情感激励

有位诗人曾说："感人心者，莫乎于情"。就是教师要尽力与学生建立起真挚、亲密的感情关系，以情育情，以情动人。情感激励体现在：

1.教师应用真挚、深厚的情感建立好师生关系。这种情感来源于教师高尚的师德、崇高的事业心和责任感。学生亲其师才能信其道，乐其道。

2.教师要运用一定的教学艺术和技巧，适时把握情感的表达方式。在教学过程中，教师要有亲切和蔼的面容，充满期待的目光，适当的手势动作，严谨、简洁、意深、抑扬顿挫的教学语言。

3.寓情于教学过程中，作为教师，应该认真钻研教材，用精辟、深刻的理论去吸引学生，把教材内容本身所表达的情感体现出来，增强学生情感体验。

（四）期望激励

教育是师生互动的过程，教师对学生无论抱有何种性质的期望，都会有意无意地以相应的态度和行为方式对学生施加影响，并在学生身上产生不同的教育效果。在教育活动中，中学教师应对每个学生都有一定的认识，因此，针对不同的学生要有不同的期望，并采取相应的措施。

（五）竞争激励

所谓竞争，是指互动的各方为了获得某种物质或精神的目标而互相争夺，是人的"争先意识"或"力求优势"动机的行为表现。青少年的一个很大的心理特点，就是好胜心强，不甘落后，而竞争行为就是争先、争优、争强的积极心理表现。因此，教师可以利用这一特点开展各种活动，来激发学生的竞争意识。

中学教师在采取竞赛活动时，一方面要努力创造一种具有挑战性心理压力的群体情境条件，促使学生的兴趣的产生。另一方面，又要注意消除或避免竞争可能产生的消极影响,而且还要注意帮助学生选择适当的竞争对手。

(六)赞扬激励

中学老师要多发现学生的优点,因为从青少年的心理来说,所需要的善意的赞扬胜过批评,赞扬会驱使人奋发向上,锐意进取,然而,教师赞扬方式也有很多种。

1.口头语言赞扬

教师对于学生的行为进行口头表扬,是对学生这种行为的肯定,但教师要做到的是真诚而坦率地赞赏学生,只要学生有进步,哪怕是极其微小的进步,也要及时肯定、提出表扬,可以当着全班同学表扬,或者就单独对学生说。

2.肢体语言赞扬

教师除了口头语言赞美外,还可充分利用身体语言赞美。课堂中对学生的表扬或鼓励,如果用语言表达,可能会打断上课的思路,而且也会耽误时间,若是用肢体语言表达,效果会更好。肢体语言可表现为点头、拍肩、手势、眼神等。

3.书面语言赞扬

书面语言主要是用文案来赞扬学生,虽然没有和学生面对面,但是教师文字里的赞扬渗透着老师对学生的信任与鼓励,得到了教师的文字表扬,学生会很兴奋,知道老师对自己的重视和肯定。表扬是最易使用和最自然,最有效的方法。

(七)榜样激励

美国心理学家班杜拉在实验研究的基础上于20世纪60年代提出了"社会学习理论",认为人类学习并非都是通过其行为然后再通过模仿他人的行为反应来完成,即通过一定的榜样来强化学习者相应的学习行为倾向,并指出有很多学习行为其本身并没有得到强化,只是看到榜样后才得以强化,这种强化被称为"替代性强化"。榜样是模仿行为的关键,如果榜样的某一行为受到了表扬和赞扬,那么学习者以后会不断地模仿这一行为。因此,作为教师,要为学生选择有影响力的榜样,可以是比较有名的人物,也可以是班上某一方面表现好的同学,这些都能起到激励作用。

(八)"闪光点"激励

所谓"闪光点"激励是指教师尽量寻找学生的优点,一般来说,成绩特别好的学生,优点很明显,但成绩一般的学生,就需要教师用心去找,而且最重要的还要学会从坏事中找优点,即使学生做错了,都不能严厉地批评,而是找出优点从另一方面表扬,再适当加以引导。

第五节　表扬与奖励的艺术

苏联教育家苏霍姆林斯基在谈起教育技巧时说:"教育者与自己教育对象的每次接触,归根到底是为了激励对方的内心活动。"教育事业是爱的事业,爱心在教育、教学活动中发挥着核心的作用,是教育活动的基础。表扬是洒向学生心田的甘露,鼓励是学生奋进的催化剂。

有人作过这样的比喻:孩子的心田是一块奇怪的土地,你播下思想的种子,就会获得行为的收获;你播下习惯的种子,就会获得品德的收获;你播下品德的种子,就会获得命运的收获。学生良好习惯的养成需要教师,特别是班主任的不断探索,不断努力,通过多种途径采取各种方式,持之以恒,一步一个脚印地去抓好它。在学生良好品质和习惯形成的过程中,是需要不断表扬来激励、鼓舞学生的进步。奖励,是表扬的一种强化形式,具有精神和物质的双重激励作用。"表扬"作为一种艺术,在教育过程中有着不可忽略的作用。

一、表扬对教师的内在要求

(一)要善于表扬

中学老师应深入了解学困生内心深处犯错误的动机和目的,不要老是盯在其所犯的错误上,要注意批评的应是学生错误的行为,而不是针对人,否则,一味地批评、指责、训斥,学生容易自我否定、自卑,甚至学会撒谎、出现逆反的敌对与反抗行为。作为老师应注意从正面、积极的角度去审视学生,要善于发现捕捉学生身上的闪光点,巧妙地在表扬中渗透恰当的批评,可能效果更好。一般而言,教师对优生的表扬是非常慷慨的,而有时对一些"差生"的表扬则较为吝啬。特别是那些平时作业不交、调皮捣蛋的学生,即便老师发现了他的进步,有时都不会像表扬优等生那样爽快,而要考虑他值不值得表扬?表扬后会不会翘"尾巴"?有时就在这种犹豫中,先前的进步还未受到表扬,后来的错误倒引来了老师的训斥。可以想象这种使其不公遭遇的委屈会给他们带来多大的伤害啊!教师对学生的表扬应是教师发自内心爱护学生的体现,要从心里替他高兴,看到了学生的闪光点,应该大张旗鼓地褒扬,充分发挥表扬的功效。

(二)要及时表扬

对学困生应该表扬的行为,中学老师应及时的表扬奖励,以强化刺激,因为学生心目中,因果关系是紧密联系的。例如,一位教师对班上一位自制力弱,平时上课说话较多,影响同学学习的学生,在几次班级活动中,如打扫卫生、提豆奶、为合唱比赛借衣服等积极认真的表现,就及时表扬其热爱劳动、关心班集体的优秀品质,从而引导该学生对整个班级学习气氛的维护产生自觉性,使其自制力得以加强。

所以,对学生的表扬,要及时,不能时过境迁才表扬,否则,表扬会使学生莫名其妙,这样的表扬不会有好的印象,更谈不上优化优秀品质和行为的作用了。

(三)要乐于表扬

对学生的表扬应是中学老师发自内心爱护学生的体现,要注意理解学生的年龄特点和心理特征,不能老以成年人过高的眼光看待学生的行为,认为学困生一点好的表现是微不足道的,不轻易表扬学生。须知良好的品质与优异的成绩是由许多细小的行为与环节组成的,要求学生一下子由"差"变优是不现实的,只要有助于学生改正缺点,弥补不足,顺利转优,老师就应乐于表扬学生。总之,在学困生转优的过程中,老师应真正有爱心,理解学生,尊重学生,不要吝啬表扬,善用巧用表扬,往往比批评更具威力,更能促使学生顺利向优生转化。

二、教师的表扬意识

(一)表扬要有导演意识——借船过海

在学校教育中常出现尖子生易"自傲",困难生易"自卑"的现象。某位教师所任教的班上有一名学生,平时总表现出一副心事重重的样子,很少与班上的同学交往,更不愿意与教师交流,学习劲头不足,给人一种无奈的感觉,经了解他原本学习基础差,认为自己付出再多的努力也是徒劳,因而产生"我不如人"的心理,针对这种现象,教师认为首要任务是要让这名学生逐渐地用实际行动一点点找回自信。在巡视课堂作业时发现他的答案接近正确,经指点一下就完全正确了。于是让他演板,同时找一个平时比他优秀但这道题却错了的人也上去演板,显然这种不平等的演板是教师导演的,这样对比性的演板很能让学生找回自信,何况还有点评演板时会心的微笑呢? 当然在暗地里和学生谈心时,需强化"天生我材必有用"的信念。对这类学生的考试卷(平时测验)的批改通常是面批面改(扣分比其他同学扣松一点),三两次后,他会发现自己不比别人差,甚至有比别人强的感觉! 这样,学生有自信才能创新,才能接受挑战,才能挖掘潜力,发展能力、展现自我。

(二)表扬要有时间意识——灵活多变

在课堂提问中,中学教师特别要注意两个重要停顿时间,我们记为"第一等待时"与"第二等待时"。"第一等待时"是指教师提出问题后,要等待足够的时间,不要马上重复问题或指定别的同学来回答问题,其目的是为学生提供一定的时间来考虑问题。"第二等待时"是指学生回答问题后,教师也要等待足够的时间,才能评价学生的答案或者再提出另一个问题,这样可以使学生有时间详细说明、斟酌、补充或者修改他的回答,从而使他们的回答更加系统,又不至于打断他的思路。

处理好"第一等待时"与"第二等待时"之间的关系有重要的意义。诚然延长"第一等待时"的时间,可以达到训练学生思维能力的目的,但"第二等待时"的时长则需灵活多变,要长短不一,像对于"判断性"和"描述性"的问题,"第二等待时"肯定要短,我们安排的表扬则尽量轻淡,一般一赞即过,如果是"论证性"的问题,在"第二等待时"过去后,我们对正确的回答的表扬则注重期待,多表扬结论形成的思维过程。对因一些非智力因素而形成正确结论的表扬的"第二等待时"则是相当短促的,当即进行热烈的,甚至夸张的表扬,让学生熟记此情此景,同时,假如知识点再现,尽可能地让曾获表扬的同学重温旧梦,特别是对易错知识点的强调,相当于"警钟长鸣"。这样灵活处理"第二等待时"的表扬,能达到既调动学生发言的积极性,又能培养学生思维缜密性的目的。

三、表扬行为的实施

(一)表扬的先导性

榜样是班集体中同学们学习、赶超的对象,这就决定了表扬所必须具有的先导性。教师在学生的学习生活中要做善于从多角度透视的有心人,务必练就一双善于发现先进与优点的眼睛。中学教师只有充分发挥表扬的先导性作用,同学们才学有目标,赶有方向。

(二)表扬的针对性

表扬要有依据和具体事实,要有针对性,也就是不能盲目和随意。例如,若是学生学习上取得进步,就应就其学习上大力表扬;若是纪律上改正了迟到、上课说话的缺点,就应对其自律性上进行表扬,如此就能起到强化优秀的作用。否则,该表扬的不表扬,不该表扬的说好话,或表扬起来笼统概括,学生往往摸不着头脑,反而会冲淡转化的效果。要善于发现捕捉学生身上的闪光点,在细微之处见真谛,在平凡中找出不平凡,做一个美的发现者。不但如此,表扬还要大张旗鼓,才可以发挥出表扬的功效。

（三）表扬的目的性

做任何事情都要有目的性,表扬作为学生思想转化和激励工作的重要手段也不例外,如果目的性明确了,就会采取较好的工作方法,也就会取得好的效果,如果目的不明确,加上盲目的表扬,可能就会事与愿违,更不会取得好的效果,例如,大多数所谓调皮学生都喜欢穿具有个性化的衣裳,不大愿意穿校服,老师在适当场合（全班都穿校服）表扬全班着装整齐划一,而不是表扬其他部分人常穿校服,以期达到以小见大,从而既敦促了他们穿校服,又让他们意识到自己是班级整体中一个成员的集体意识。

（四）表扬的准确性

由于认识的偏差,有些教师所树的"榜样"值得推敲。如我们经常听到这样的表扬:某某同学高烧不退,仍然坚持到校上课学习。这里教师所表扬的对象,是不是值得广大同学效仿？这样的学生精神是值得肯定的,但教师应积极劝说学生先去医院治疗,因为高烧对学生的身体和学习都是不利的,这种行为是不宜让其他同学学习的。因此,中学教师的表扬准确性要强,所树的"榜样"要确实是积极意义上的榜样,以防对学生产生误导。

（五）表扬的含蓄性

表扬在很多场合应该大张旗鼓,才可以发挥出表扬的功效,但有些时候,注重表扬的含蓄性不失为一种积极的策略。例如,教师要求的某种事,班上大部分同学都做得很好,只有少部分做得较差时,老师的选择是请做得好的人站立一下以示肯定。这样做,对受表扬的人来说,一切尽在不言中;让做得差的人"心有所动"而又不过分难堪。

（六）表扬的层面性

表扬的"多层性"是从一个角度反映表扬对象从较好走向更好、很好的成长历程;表扬的"多面性"是从多个角度反映表扬对象的闪光点。在班集体生活中,中学教师要特别注意运用好表扬的多层性、多面性的特点,让榜样的形象变得丰满,使每一次表扬都有效地"激励"每一个学生的"内心活动",充分发挥表扬的强大功效。

（七）表扬的方式应丰富多彩,不拘一格

中学教师对学生的表扬不能只停留在活动的评价中,其实表扬更具有随机性,当学生犯错误时,切忌运用专制性言语进行简单的训斥,而应采用民主型言语风格给学生以宽容、等待和唤醒。学生进步时,不是简单的表扬,而是把他进步的欢乐与大家共同分享,并给予鼓励和期待。此外,作为教师不仅要在教室中,学校里,活动的终结评价中对学生予以肯定表扬,学生在家里的表现,生活琐事等均可是表扬的素材。一个会心的微笑,一个赞许的眼神,一个亲昵的拍肩动作,一句真诚的表扬,一次和老师散步谈心的机会都可作为表扬的表达方式和奖品,这种灵活多样的表扬,将会编织成一个巨大的"赏识"的网络,让学生身处其中,品味其淳。

提高表扬效率的方法和手段是多种多样的,在此也不必一一论述。老师在教育教学过程中也可以结合自己的实际经验和经历,创造出符合自己的特点和具有个人特色且灵活多变的表扬方法和手段。那么中学生一定会在浓浓的"天生我材"的氛围中得到无穷的力量,从而健康地成长。

四、表扬需要注意的问题

表扬是认同别人的一种重要方式,中学生在成长过程中,有的受表扬多一些,被人认同感、成功感容易满足,往往容易进一步取得成绩;有的受批评多,特别是一部分缺点多的学生身上(缺点多的学生不等于差生,我们不妨称他们为学困生),不管在家里,还是在学校,可以说极少获得表扬,久而久之,失去了上进心和自我认同感,缺乏自信心,转化工作就难做了。这时候,作为班主任一定要注意拿起表扬这个有力的武器,帮助学生树立自信和自尊,使其性格和人格回到正确的发展轨道上来。因为学生缺少的正是关爱与认同,表扬与奖励,效果往往不错。但是使用表扬与奖励,不能随意和盲目,不恰当的表扬,未必能强化学生的优秀品质和行为,抑制不良行为。同样,表扬与奖励也要讲求一定的技巧,否则,结果可能适得其反。

(一)表扬宜指向行为不宜指向人格

一篇写中美两国教师在课堂教学中表扬运用之不同的文章中说,美国的教师很少会用"聪明"之类的表扬用语,他们常用的是诸如"你答对了,你干得很好,你很努力"这类的话语。而我们经常在一些语文课堂上看到的现象是:经过几个回合的讨论后,某生突生灵感,站起来作出精彩回答,此时,我们老师常常会说:"你真是个聪明的孩子!"

这样表扬,偶尔用之,或许还行。但经常这样表扬学生,可能会带来一些负面影响。

首先,这样的表扬可能影响学生的耐挫能力的发展,被表扬的该学生可能不知自己的顿悟来自于其他同学的帮助和提醒,觉得自己确实比别人聪明。美国一项近期的研究发现,那些过多地被夸奖智力聪明的学生可能回避新的挑战。在这项研究中,研究人员让幼儿园的学生们解决一些非语言性的难题。然后,对一半的学生这样说:"你们答对了8道题,你们很聪明。"对另外一半的学生则换一种说法:"你们答对了8道题,你们确实付出了很大的努力了。"紧接着,给这些学生两种任务让他们自己去选择:一种是他们在完成的时候可能出一些差错,但是最终能够从中学到一些非常重要的新东西;另一种是他们有把握能够做得非常好的。

结果是三分之二的被夸奖聪明的学生选择容易完成的那种任务,因为他们不想冒任何差错的风险。与此相比,被夸奖付出努力的那些学生中,百分之九十选择了具有挑战性的,能够学到新事物的那种任务。

其次,我们老师面对的是一个班的学生,是一群学生。当老师经常表扬某一学生聪明时,可能会让其他没有回答出来的学生感觉自己不行,长此以往,会严重打击这一部分同学的自信心,这对我们老师来讲是很不明智的。

为什么会有这样的问题,究其原因,"聪明"这类词语指向的是学生的人格,而"答对了""很努力"指向的是学生的行为。因此,笔者认为,表扬应该具体,有针对性,有指导性,表扬的目的是要让学生知道自己究竟好在哪里,以增强学生好的行为。表扬的是学生的行为而不是人格,这是表扬的首要策略。表扬最重要的原则就是,要针对学生为某一件事付出的努力,取得的效果,而不要针对学生的性格和人格。

(二)表扬宜恰如其分不宜过多过滥

合理地运用表扬,确实能激励学生的学习积极性,然而,如果表扬过多过滥,则可能得不偿失。部分语文课堂教学中,特别是一些公开课上,种种夸张的表扬充斥了课堂教学的各个环节,"你真了不起,长大可以当个科学家""老师都不如你了"类似的溢美之词不绝于耳,教师成了廉价表扬的批发商,不管学生表现如何,一概给予表扬肯定,甚至当有时学生回答错了,老师也不忘来个"安慰奖"。然而,长此以往,教师会发现,自己的表扬依然热情洋溢,而学生却日益不当回事、毫不在乎了。泛滥而廉价的赞美,反而麻木了学生的心灵,不利于学习积极性的调动。

心理学上有所谓的"过度理由效应"。如果你就一件事过度地、夸张地表扬某个人,反而给他的感觉是你可能认为他没有这方面的能力。其次,过多过滥的表扬,会使学生认为你的表扬不是真心的,是一种惯用手法。

著名教育家马卡连柯说过:"我的教育,是尽可能多地尊重一个学生,又尽可能多地要求一个学生。"他的意思就是:老师必须最大限度地尊重学生,同时也要对他们提出严格要求。因此,正确的做法是,表扬应该适时适度,要在学生作出精彩回答后,紧接着请学生说说思维的过程,引导学生重视过程,而不是过分看重结果。所以,表扬应恰如其分,表扬应注意频率,那种当经过老师适时的指点,学生通过自身努力后获得收获时老师的热情表扬,学生才会终生难忘。

(三)表扬宜客观正确不宜笼统全盘肯定

新的课程标准提倡尊重学生在学习过程中的"独特体验",于是,我们看到,在语文课堂教学中,"你喜欢课文中的哪个人物?""在这种情况下,假如你是×××,你会怎么做?"这类开放性的问题日趋增多。确实,这类问题能激活学生思维,促进学生对文本的多元解读。但是,提倡多元解读、个性化阅读,不等于可以不尊重文本的价值取向。

(四)表扬的同时要进行耐挫教育——与批评共存

表扬对培养学生自信心有一定的推进作用,但操作不当的表扬会使激进好动的学生迷失方向。表扬可以诱发学生的学习动机,但"忠言逆耳利于行"的忠告是很有科学道理的,因此,表扬与批评应同时存在于教学中。试想长期只听到表扬赞许的人,而等到某一天发现学习成绩不如他人,求知欲得不到满足,表现欲得不到体现,那么肯定就会感到所受挫折太大。在日常生活中,经常会发现有些同学遇到一点点的挫折就表现出惊慌失措、意志消沉、萎靡不振;还有极少数竟然负气出走,甚至走上绝路。这表明,目前还有相当一部分同学的抗挫折能力还比较脆弱,遇到挫折时还缺乏抵御、战胜挫折的心理或能力。如果中学教师在平时的教育教学中褒扬肯定的同时进行耐挫教育,让表扬与批评共存,特别是对成绩优异者所出现的错误亦要批评以便使同学们自然形成抗挫折能力和抵御策略,那么日后在竞争日益激烈的社会环境中才能生活得游刃有余。

（五）受表扬的主体有时要存在相对不平等现象——因人而异

教学中学生都是平等的，他们应该享受平等接受表扬的权利和机会，这要求教师要"有教无类"，一视同仁。但在实际的教学过程中，为了更好地因材施教，要求教师针对学生个体的不同的生理和心理特征，区别对待，因人而异。教师比较倾向让学业成功者回答具有"论证性"的复杂问题，而让学业失败者回答"判断性"和"描述性"的简单问题，但在答问反馈上却尽量都以民主型的言语风格给予赏识。例如，一次试卷评析，对待基础不好的同学可着力表扬他答题仔细，简单题都做对了。显然对待不同的学生表扬的方式也不相同，对待学习自觉、行为习惯良好的学生可采用引导性表扬语"假如他……，他会更优秀！"如果对待成绩差但很努力的学生，可采用鼓励表扬语"虽然他只……但是他在某一方面很优秀"，对待性格外向的人，表扬有时不公开，背地里表扬给学生一个人听，表扬的同时指出其一些不足，对学生今后的发展非常重要。

总之，教学过程是知识传授过程，也是师生情感交流的过程，激励与表扬艺术的契机无所不在。中学教师要善于了解学生，熟练运用激励与表扬艺术，抓住最佳契机。"润物细无声"，通过语言、动作、神态等对学生进行激励，不断地将教师的期望、关注，传递、暗示给学生，积极开发动机、兴趣、意志、毅力等非智力因素，才能有效地提高教学质量，促进学生全面发展。

第九讲　批评教育艺术

虽然有些人觉得在教育教学中应该以表扬鼓励为主,但作为一个老师尤其是班主任,恐怕谁也回避不了要进行批评教育。每个学生不可能一开始都事事成功和优秀,难免有错误或走弯路,少不得老师的鞭策指正。可是,当前独生子女的年代,许多老师都感觉教育学生的难度越来越大。由于老师的批评或教育不当,引发师生之间的矛盾、冲突,甚至对抗的事例比比皆是。它不仅严重影响着教育教学的效果,而且恶化了师生关系、家校关系和社会关系。批评既是学校师生交往中不可避免的一种方式,又是进行思想交流的一种手段。被批评,学生虽然不可避免产生一种烦恼,但同时产生一种不断完善的动力。学生正处在思想由不成熟逐步走向成熟的关键时期,他们在学习、生活中不可避免地要发生一些错误,如何正确地进行批评直接关系到个人、家庭、社会的前途和命运。从这种意义上讲,中学教师掌握好批评这门艺术尤为重要。只要方法得当,学生会乐于接受批评教育,并能取得良好的教育效果。

一、批评教育艺术的原则

(一)以理服人的原则

该原则就是我们平常所说的"晓之以理,动之以情"。学生犯错误是很正常的,"人非圣贤,孰能无过",更何况是正在成长中和发展中的学生呢?中学教师必须牢记学生正处于世界观、人生观、价值观形成的阶段,是培养优良品质和良好的生活习惯的关键时期。没有正确思想的引导,没有道德规范的约束,是难以成人成才的。因此,对有错误的学生,只能耐心地和他摆事实、讲道理,不仅让其"知其然"还要让其"知其所以然",以此来提高他们懂道理、讲道理的自觉性。要用一颗炽热的心去关怀他们,感动他们,真心实意帮助他们解决各种问题,用真善美去唤起学生自我教育的意识,让学生听后觉得你是真心为他好,设身处地地为他着想,不是跟他过不去、要他难堪。因为"入情才能入理,通情才能达理"。冰冷的态度、过重过激的言辞,都会引起学生的逆反心理,增加说服的难度。只要用教师的真情去感动学生,使之感觉到批评他是为他好,那么我们离使学生从弯道上归正并少走弯路的目的便只有一步之遥了。

(二)态度诚恳的原则

批评学生,必须是真心实意帮助学生改正错误,而不能因自己的权威受到了触动,丢了面子,把心中怒气发泄到学生身上,进行挖苦、讽刺。教师的批评只有让学生体会到爱心和关切,才能真正让学生敞开心扉与教师进行交流。

态度诚恳、感情真挚的批评才能打开学生心灵的门窗,切忌故作姿态,冷嘲热讽,甚至恶语相伤,中国有句古话叫"良言一句三冬暖,恶语伤人六月寒",更何况我们面对的还是孩子,是脆弱、敏感易被伤害的心灵,因此,我们的批评应是善意的,而非恶意的;是激励、鞭策,而不是打击、贬损;是维护人格的尊严,而不是辱没人格;是爱而不是恨!是藏在严峻的外表下深沉的炽热的爱,如果说是恨,那也是恨铁不成钢的恨,而不是憎恨。所以,选择恰当的情景、恰当的语言和表达方式、恰当的教育表情,对达到预期目的十分有利。

(三)实事求是的原则

毛泽东曾说过:"没有调查研究就没有发言权。"一切的批评必须建立在充分掌握事实的基础之上,使批评不会让学生觉得是空穴来风。同样道理,教师批评学生,评价也要客观,对缺点和错误,既不能夸大,也不缩小,不但要明确指出错在什么地方,还要帮助学生找出改进方法,使学生在教师指导下改正自己的错误。有的放矢,批评才有见效的保证。批评有针对性,收效才会大。老师在台上大讲特讲,但讲得大,讲得空,一般学生既摸不着头脑,犯错误的学生也不怕,还是我行我素。批评在实事求是,就是指批评在针对具体的人和事上,要言之有理、持之有据,要带有明确的目的,点明改正的方向。

(四)尊重爱护的原则

从本质讲,批评实际上也是爱。尽管教师的批评未必会有切肤之痛的深刻,但能从尊重学生,爱护学生出发,学生最终会领悟老师的用意。

人都是有自尊的,相对来说,学生的自尊或虚荣就更强。当教师当众发现学生某种错误的言行和举动,或者由学生举报后经过自己详细了解证实某生确有错误的时候,一般不宜在班会或公开的场合批评,这样会伤害他们的自尊,会令他们感到难堪,以致自惭形秽,甚者导致学生从此一蹶不振,消沉下去。不分场合地刺伤学生自尊心的做法是愚蠢的。人人都要面子,青少年学生也是如此。所以,有时明知学生不对,教师也不宜开门见山地批评,特别是不宜在大庭广众面前批评。

【例】某堂课,一位学生迟到了近二十分钟,下课后教师找到这位学生和颜悦色地问:"是家里出了什么事情,还是身体不舒服,能告诉我吗?"学生摇了摇头表示都不是这些原因。"这么说是路上贪玩了?"他点了点头承认了自己在游戏机室玩游戏而耽误了上课的时间,并表示下次再也不贪玩了。通过这样设问诱导,既缓解了老师与学生之间的紧张气氛,又问清了迟到的原因,使迟到的学生受到了一次教育。

(五)因势利导的原则

批评学生方式方法的选择,要根据当时的具体环境和学生的个性特点、情绪状态及承受能力而定。如必须当场提出批评的,应及时批评;事态不严重的,事后提醒;学生已认识个人的错误,且处于自责状态的,用委婉的语气批评或事后批评;学生自认有理,且处于抵触情绪强烈时,避开正面相对严厉批评。批评学生还要考虑其个性特点,不同性格的学生对批评的反应往往不一样,承受能力也不同,必须因人而异。对于脾气暴躁、性格倔犟、容易激动的学生,宜以商讨的方式,平心静气地使其在一种友好的气氛中自然接受批评意见;对于善于思考、性格内向、各方面比较成熟的学生宜将批评的信息，以提问的方式传递给他们，学生自然就会意识到，并加以注意；对于自尊心很强，自觉性和悟性较高的学生，批评尽量不用激烈的言辞，也不能啰嗦不休，只须指出问题，点到为止；对一些心理承受能力较差的学生，一般宜通过鼓励达到批评的目的。使他们从鼓励中发现不足，看到希望，增强信心。

（六）迂回启发的原则

我们不仅要有一针见血、开门见山的直接批评教育方法，也要有"明修栈道，暗度陈仓"的迂回批评教育艺术。这样可以避免教育者与被教育者的直接交锋，引导、帮助犯错误的学生消化、理解、醒悟，从而改正错误，使批评达到目的。如此批评没有剑拔弩张之势，往往却有事半功倍之效。

（七）留有余地的原则

在批评教育时，力求点到即止，留有余地，给学生一个自我批评、自我教育的机会。这样学生既易于接受，又对老师的宽容产生一种负疚感，从而有利于不断鞭策自己，尽量少犯或不犯错误。如果班主任对学生的错误唠唠叨叨，否定或者贬低学生的自我认识、自我批评的积极性，那么学生就会产生一种逆反心理，结果事与愿违，大大削弱了教育的效果。从中学生的心理承受出发，恰当地运用"留有余地"的批评方法，会收到意想不到的效果。

（八）刚柔相济的原则

刚柔相济是班主任批评时，根据中学生的生理和心理特征去教育，"一把钥匙开一把锁"，常常用刚制柔，以柔克刚。对有的同学用刚，则有震撼力，对有的同学用柔，则化解顽石。刚与柔的使用均以不伤害学生自尊心为重点。特别是些犯有错误的学生，他们的自尊心表现得就更为复杂一些，因为做了错事，受到别的同学的责备，产生了自卑感，有时甚至产生"破罐子破摔"的想法。而实际上，在他们的内心深处，仍有上进要求，渴望得到老师和同学的理解和帮助。著名教育家马卡连柯曾说过:"得不到别人尊重的人往往有最强烈的自尊心。"因此,对这些学生,在批评时既要讲原则,不迁就其错误的思想行为,又要讲感情,尊重他们的自尊心。

二、批评教育艺术的方法

富有教育魅力的批评在于培养学生的尊严感,激发学生的上进心,促使学生道德上的自勉。因此,批评不但是一种手段,也是一门艺术。教育是一门艺术,批评教育更要讲究艺术。身为教师,教育学生时不可避免要运用批评教育。如何让教育之花结出美丽的果实,关键在于教师要把握分寸,注意批评的方式、方法,善用批评教育这门艺术。

(一)触拨心灵式

浇树浇根,教人教心,批评学生时要注意语言艺术,触动人心灵深处。

【例】有一位来自农村的高中生上课打瞌睡,老师走到他身边轻轻敲了敲桌子,他抬头看了看老师又继续打瞌睡。老师当时真想大发一通脾气,狠狠地训他一顿,但理智提醒教师,那样做是收不到好的成效的,于是老师轻轻地摇醒他,很温和地说:"做梦哩,又梦见你的父母在地里辛劳地干活吧?"一句话触动了他的心灵深处,使他想起了含辛茹苦,起早贪黑为生活奔忙的父母。引导学生听后去思考、去回味、去自责、去作新的打算……这样的批评比简单生硬的训斥要好得多。

(二)旁敲侧击式

【例】高一新学期开始时,不少同学习惯于随手丢纸屑、脏物,并且大多没有养成"随手拣拣"的习惯。想盯人进行批评纠正教育只能是"按下葫芦浮起瓢"。本人在一次班会上讲了身边的一个真实小故事:邻班一同学看见路上有人丢了一个废冰淇淋盒,他没有弯腰捡起,反而用脚朝纸盒猛踩,以为踩平纸盒挺好玩,哪知道丢弃者将配套的小铁勺还插在盒里。一刹那,纸盒踩平了,盒里的铁勺穿过鞋底又从脚背透了出来,血流如注……最后深有感触地说:"没有那位的'乱丢',固然可免去这位受害者的惨痛;假若这位'随手捡'肯定可以避免这次流血事故。类似的

'随手捡'并非是学校班级的规定,而是我们的需要。"通过这次感悟,学生深深明白了"随手捡,袋装垃圾,保护环境"的道理,为班级和学校清洁卫生治理、弘扬集体精神奠定了基础。著名教育家苏霍姆林斯基说得好:"只有能够激发学生去进行自我教育,才是真正的教育"。

(三)间接指点式

美国著名成人教育家戴尔·卡耐基提出了改变人的九个方法,其中一条很重要的原则是这样的:纠正他人的过失而不招怨恨的方法是——间接地指出他人的错处。"批评人时,要以夸奖来开始,以'而且'来转折。批评人的人先谦逊地承认自己决不是毫无错处,然后再指出他人的过错,总比较容易入耳一些。"同样,面对学生的过失行为与不良习惯,教师在批评之前,先肯定其可取之处并坦诚地说出自己管理中存在的错误,便能使良药不再苦口,忠言不再逆耳,便能够如一缕春风,减轻与排除学生逆反心理,改变学生的偏见而不招致怨恨。这样的方法与策略,不论面对如何顽固不化的学生,都是有效的。

【例】有一女中学生,无论是课堂还是课间,特别爱照镜子。可该生成绩平平,不大受人关注,常显得对什么事都无所谓。一次自习,教师又发现她在照镜子,真想没收了她的镜子并训她一通。但如果这样处理教育,效果是可想而知的。教师没有这样简单行事,而是很平静地把她叫到办公室,对她说:"你是一个很爱美的学生,有自己的特长,经常给人比较聪明伶俐的印象……",话还没说完,她就急切地说"老师,谢谢你关注了我,对不起,我知道今天错了"。

批评得好,学生接受;反之,麻烦缠身,成了"不受欢迎的人"。因此,批评要学会变"害"为"利",使硬接触变成软着陆,即在"苦药"上抹点糖,看似失去了锋芒,但却药性不减。

(四)幽默如歌式

一个滑稽动作,一个笑话,犹如润滑剂,可缓解尴尬,调剂情绪,甚至能"化干戈为玉帛"。

【例】学生书写化学方程式经常将反应条件漏写，对此学生苦恼、老师烦恼，恨铁不成钢的老师常常"良药苦口"地训一顿当事同学，可时隔数日，错还照错，毛病依旧。一次某同学上课演板书写电解饱和食盐水的化学方程式，又把"电解"条件写掉了。老师非常恼火，却压住了火气，提了该生一个小问："照你这样写来，你妈妈每星期周末为你煨汤时都要加食盐，你喝下去的岂不是'烧碱氯水汤'了？"学生先是一愣，随后全班同学哄堂大笑，该生脸一红不好意思地立即跑到黑板前在自己所写的方程式上端端正正补上了"通电"二字。自此，该生丢三落四的毛病大为改变。幽默如歌，幽默启智，怪不得海茵·雷曼麦说："用幽默的方式说出严肃的真理，比直截了当地提出更能为人接受。"当然，幽默重在机智巧妙，重在余音绕梁。好的幽默应该通俗而不荒谬，有趣而不庸俗，对症而不牵强。

（五）沉默是金式

因学生犯错误，教师面露愠色，一言不发，无形中对学生形成压力，促其反省，以完成批评心理的双向交流。这种方式适合针对集体中的小错误或比较自觉的个别学生进行，双方都不点破，但都相互容纳、理解。正如苏联教育家苏霍姆林斯基所说的："有时宽容引起的道德震动，比惩罚更强烈。"高明的教师总是相信学生，放手自律，驾轻就熟；庸碌的老师总是相信自己，千包万替，苦口婆心。其实，即使是犯错的学生，都有良知，都有悟性，都有潜力，都想变好。

【例】有两位高三同学"早恋"，虽未出格但影响不好。二人自知违规却打算与老师斗气铤而走险。教师虽然内心极力反对，真想狠狠地分别教育他们一顿，但却没有这样做，因为这样反而会火上浇油，效果适得其反。教师采取了较长时间的冷处理法——表面上对二人不理不睬，好歹不提，内心实质上极力关注他们的外在表现和心理变化。时间稍一长，他二人反倒憋得慌，自知情况不妙，反而还渐渐规矩起来了。教师瞅准时机：发现他们学习有下降苗头，当即避开家长和全班同学，悄悄地示出相关"证据"，分别单独当面谈心提醒："……这样的事虽感觉很美，却很不是时候，相当不合适——过早地摘不熟的苹果，必损坏嫩枝酸了牙齿——这不，学习成绩有影响吧？理当让你们的家长来操这个心的，但我暂时没告诉他们——相信你们不至于要寄予你们偌大希望的爸妈来恼火此事吧，更相信你们是聪明的，能把握住'合适'与'不合适'"。两同学很感动。事后的理智和决心让他们的学习成绩有飞跃更令他们感激老师。

(六)形体语言式

睿智的老师尤其是班主任，面对犯错的学生从来不发脾气，一个眼神，或盯或瞟，几多暗示：含犀利的洞察，藏严厉的责备，寓慈爱的宽容，寄殷切的期望；令迷途者自愧自责，令不慎者自思自悟；悟性唤自尊，自尊催自醒，自拔促自觉，自强辅自信。"不战而屈人之兵，善之善者也"。这种方式一般只针对学生在课内外的一些小动作、小错误，教师用眼神、表情、手势等发出信号，让学生注意。凡尊敬老师的学生，在有经验有权威的教师发出信号后，势必停止小动作、制止小节问题等。

【例】不少教师都有这样的体会：高一新学期开始，每次走进教室，遇到学生吵吵闹闹静不下来时，不少老师总是想通过大声斥责来平息。其实这种压制的方法只能达到安静一时，噪声又起。教师采用的方法效果不错。遇到该情况时，老师一言不发，肃立讲台，伴之以严肃的表情和严厉的目光，环顾或直视学生。很快，学生就会注意到这一变化，迅速地安静下来，进入准备上课阶段，即使有个别同学还得意忘形，也会在众目睽睽之下，收敛自己的言行。此时，老师再在黑板上写上"流静水深，人静心深"的警句，效果不仅立竿见影，而且能影响久远。这种暗示，其实就是达到了既不影响情绪和伤害学生自尊心，又能使学生自我反思和改正。

(七)闲聊商讨式

有人说，批评要"永远保持商量的口吻"。这种方式可以促膝谈心、启发思考,进行勉励、归谬分析、幽默解说等,教师娓娓道来,寓情于理。这种方式的成功与否,很大程度上取决于批评事件的性质及分析,即是否值得批评和进行何种程度的批评,以及批评的正确性和透彻性。事实上,也取决于教师的综合素质。若以批评心理来看,双方平等,心态平稳,和风细雨,则学生和教师在心理上会走向一致,不冲突,不相悖,心理相容。

【例】有位同学对学习丧失了信心,厌倦学习,老师帮助督促他,他不仅不领情,反而对老师翻白眼。一次老师与他在走廊"闲聊"到夏天他喜欢喝哪些饮料时,恰巧他手中拿着一瓶矿泉水,其标签上有一句广告词"本矿泉水不含任何化学物质"。老师指着该广告词说:"此广告科学不?"他惊讶地摇头道:"生产厂家若懂点化学,绝不会出此笑话。"老师补了一句:"没有知识或知识欠缺,最易出笑话啊!"他若有所悟地点了头。

(八)雷霆威镇式

缺乏经验的教师常常不看时间、不分场合,陈芝麻烂谷子,想起来便数落一通。斥错不留情,揭短不护痛;单人亮相,墙倒众推;讲透明度,积量化分;小患欲擒故纵,大错究个不休,一针见血,淋漓尽致,逼其上墙,堵其退路,杀鸡吓猴,振聋发聩。教师不分主次地唠叨个没完,不把学生批的体无完肤誓不罢休,不但收不到预期的教育效果,甚至伤害了学生的自尊心,学生破罐破摔也就不足为奇了。这种方式措辞尖锐,词语激烈,特殊情况下能使学生受到刺激和震动。但前提要求是目标、内容要清楚、集中,事实必须清楚,不可冤枉,语言要干脆,要充满正义和情感,切忌鄙视嘲笑、大事小事都抖落。这种方式只适用于严重的、不可饶恕的错误。但对大多数同学不适用,尤其是对于自尊心强、孤僻的学生切不可采用,要注意掌握好"心理相容原则"。有经验的中学教师善于观察,并善于抓住时机批评教育学生,使学生深刻地认识到自己的缺点错误,真诚地感激教师对自己的关怀、爱护、帮助,痛下决心,以自己的实际行动克服缺点,改正错误,报答老师的关怀。

（九）春风化雨式

【例】高一期中考试前的下午，放学后，某班的一女学生翻窗进入老师办公室想找试卷，老师开门正遇上，女生瑟瑟发抖，羞愧不堪，老师却平静地问："小姑娘，你在找一件想要的东西吗？只须点头摇头作答即可。"

女生没摇头，也不敢点头，下意识地控制颤抖，默认了。老师问："那东西属于你自己的吗？"

女生摇了摇头，除了颤抖，还在流泪。

老师语近意远地说："属于自己的，理应矢志追求；不属于自己的，寻求它有何价值？若想得到好成绩，努力就是了。你说对不？"

女生点了点头，擦干了眼泪。

老师关切地说："我会给你保密的，回家吧，你妈妈在等你。"

姑娘抬起了头，眼泪再次夺眶而出，深深鞠了一躬，出了办公室。后来这位小姑娘长大了，经过不懈的努力，不仅品学兼优，而且考上了名牌大学，每年总忘不了来校看望这位指点迷津的老师。

批评不是艺术，但批评需要讲究艺术。中学教师的批评方法，不一而足，绝非定势，但总体讲，好的批评，应该是对学生的理解，站在学生立场的思考，用智慧的清泉，爱抚的甘露，友好的规劝，唤起失意的顿悟，启迪进取的希望，激发成功的动力。

第十讲　教学语言艺术

　　语言是人类最重要的交际和思维工具，更是人们传递信息的重要媒介。而教学语言作为一种特殊语言，是师生信息沟通的重要手段，是联系师生情感的重要纽带。因此，教学语言作为课堂教学中最重要的教学工具，充满着无限的艺术魅力，具备良好的教学语言能力是教师从事课堂教学的起码要求，掌握教学语言艺术是教学取得成功的一个重要条件。

第一节　教学语言艺术概述

一、教学语言艺术的涵义

　　教学语言是一种专业语言，是教师在课堂上依据教学任务的要求，针对特定的教学对象，使用相应的规定教材，采用一定的方法，在有限的时间内，为达到一定预期效果而使用的语言。而教学语言艺术则是指教师创造性地运用语言进行教学的艺术实践活动，它是教师教学表达艺术的最重要的组成部分，就像苏霍姆林斯基曾说的，"假如在语言旁边没有艺术的话，无论什么样的道德训诫也不能在年轻人的心灵里培养出良好的高尚的情感来"。可见，教师的语言是一种不可替代的影响学生心灵的工具。

二、教学语言艺术的作用

　　教学语言艺术在授课中的作用是独特的，不可替代的。它以美的声音吸引学生，以美的情感打动学生，以美的意境陶冶学生。无论教学手段如何变革，教学形式如何多样，但始终无法替代教学语言艺术在教学活动中的作用和效果。

（一）有利于提高教学质量和教学效果

教师的教学语言艺术水平综合地反映着教师的全部教学素养,它对教师的教学质量和教学效果有着决定性的意义。教学语言艺术的内在逻辑性,可使所表达的内容系统、条理,增强语言的说服力和论证性。教师教学语言逻辑混乱,只能使教学陷入困境。美学家朱光潜曾说:"话说得好就会如实地达意,使听者感到舒适,发生美感,这样的说话,就成了艺术。"

教师教学语言的动听程度,决定了教师语言感染力的大小和学生的语言接受程度。准确、生动、富有感染力的极具艺术魅力的教学语言是激发学生兴趣、调动学生积极性的重要一环,从而直接影响教学质量的好坏。

（二）有利于促进学生能力的发展

教师艺术性的教学语言还直接影响到学生多方面能力的发展。

1.思维能力的发展

学生透过教师高超的教学语言艺术,可以探知到教师的思维进程,学习到思考问题的良好方法,从而提高其思维能力的水平。一般来说,生动形象的教学语言会影响到学生的形象思维;理性概括的教学语言会影响到学生的抽象思维,教师的智言慧语会影响到学生思维的敏捷性和灵活性;教师的语言观点会影响到学生思维的独立性和批判性;教师的语言材料会影响到学生思维的广阔性和深刻性等。艺术性的语言能使思维活跃,从而使思维具有灵活性、流畅性、创造性。

2.语言能力的发展

教师的教学语言不仅是传授知识的工具,而且是教师给学生做出的运用语言的最直观、最有效的榜样,即教师的语言表达是学生模仿学习的活样板,教师的教学语言对学生语言习惯与能力的影响是日积月累、潜移默化的。实践证明:一学生受到言之有序、言之有理、言之动情、言之生趣的教学语言的长期熏陶,就会逐步产生对语言的浓厚兴趣,进而掌握灵活运用语言的本领。如果教师掌握的词汇多,运用词语准确鲜明,讲课生动,优美亲切,讲究修辞,对学生影响深刻,必然有利于学生语言能力的发展。

3.审美能力的发展

苏霍姆林斯基曾说过,"教师讲的话要带有审美色彩,这是一把最精致的钥匙"。它不仅开发情绪记忆,而且深入到大脑最隐蔽的角落。教师富有艺术魅力的教学语言,会使人心旷神怡,就像欣赏一首名曲,旋律不绝于耳。教师富有艺术魅力的教学语言,犹如诗歌语言的精炼,小说语言的生动,散文语言的优美,戏剧语言的传神,相声语言的风趣,演说语言的雄辩。而这些优美的教学语言本身就是一份丰富的审美材料,使学生从中得到美的享受,获得审美感受,激发审美想象,丰富审美情趣,从而锻炼和提高学生的审美能力。

(三)有利于调动学生学习积极性

具有艺术魅力的教学语言,能够吸引学生的注意力,激发学生的求知欲和学习兴趣,启发学生积极主动地思考。如果教师使用具有艺术魅力的教学语言,自然就能吸引学生、打动学生。

【例】在教学人教版《语文》七年级(下)中的《斑羚飞渡》一课时,教师先讲述了亚马逊森林火灾中黑蚂蚁团成一个大球突围求生的故事:在野火烧起的时候,为了逃生,众多蚂蚁迅速聚拢,抱成一团,然后像滚雪球一样飞速滚动,逃离火海。那噼里啪啦的烧焦声,是最外层的蚂蚁用自己的躯体开拓求生之路时的呐喊,是奋不顾身、无怨无悔的呐喊。学生听后不但对动物的求生本能、求生意志和求生精神佩服不已,而且也对此类题材的课文充满了浓厚的兴趣。

第二节　教学语言艺术的特性

教学语言是教师开启学生心扉,引导学生开启知识之门的钥匙。就课堂教学用语来说,它既不同于演讲作报告,也不同于演戏说相声,既不需要像辩护律师那么庄重,但也不能像日常闲聊那样随便。内容要准确科学,遣词造句应简洁明了,说话态度宜亲切自然,表达感情要朴实动人,语言表达要诙谐风趣等等。教学语言具有它自身特有的风韵格调,一般具有以下特性:

一、科学规范

教学语言要具有高度的科学规范性,要能体现准确性、精练性以及规范性。教学语言的准确性表现在字词的语音,概念的定义,法则的表述和问题的解答,知识的传授等都要做到准确无误。教师绝不能将错误的东西传授给学生,绝不能似是而非,如有人提出"演戏要演好人",是把人物演好呢?还是要求演正面人物,不演反面人物呢?所要表达的意思就不明确。

二、教育为本

教学语言的教育为本主要体现在运用语言进行知识教学的同时,也进行思想教育,既教书又育人。教师要担负起言传身教的重任,时刻做到"心中有人""目中有人"。

教学语言的教育性实际上也是教学语言的职业性或角色性要求。教师在任何情况下,都应将教书与育人有机结合起来,即把德育渗透在全部语言实践当中去。有位学者被聘请到某高校作报告,不料刚一进门就摔了一跤,学生们大笑。这位学者不慌不忙登上讲台说:人生谁能不跌倒,跌倒不要紧,从哪里跌倒就从哪里爬起来。今天我们要讲的问题就是"人生与社会"。这位学者把一个突发事件顺手拈入教育过程中,迅速组织了精彩的教学语言,收到了良好的教育效果。

此外,教师的教学语言要求文雅、纯洁、有分寸感,教师应做到不说粗话、野话、脏话,不讲哗众取宠的大话和违背事实的假话,不强词夺理、恶语伤人,更不能用讽刺、奚落、挖苦性的语言去批评学生,伤害学生的自尊心。教学态度还应民主,不能总以教训人的口吻说话,要以理服人,不要以力服人、以"势"压人,要培养学生的民主精神;教学语言直接影响学生知识的掌握、品德的形成和语言表达能力的发展,因而对学生来说,教学语言又具有示范性。

三、机智灵活

机智灵活是教师教学语言能力的重要标志。正所谓"弹琴要看听众,射箭要看靶子"。教学语言的机智灵活首先体现在针对不同的教学内容,需要不同的教学语言表述方式。比如叙述性的内容要细致入微,栩栩如生,富于感染力;评论性的内容要条分缕析,鞭辟入里;说明性的内容要不蔓不枝,条理清晰。遇悲凉处当沉寂,遇激昂处当迅急,正如琵琶女的弹琴技巧一样,千化万化而各臻其妙。

教学语言的机智灵活还体现在针对不同学生的年龄特征,需要有不同的教学语言形式。比如在低年级,教学语言须简短明快,不能过多使用限制词,可更多地使用描述性语言,而到高年级则宜较多使用限制词,运用表达比较周密的长句,选用一定数量的议论性词语。不同的时间和不同的场合也需要及时调节教学语言的速度、节奏等,使整体语言效果起承转合,波澜起伏。

四、形象生动

教学语言的形象生动可以使学生产生"如临其境""如闻其声""如见其人"的感觉。

教育绝不是一些空洞的说教,枯燥的灌输。缺血少肉的讲述不但不会激发学生的学习热情,反而会令学生生厌。正因为如此,课堂教学要力求讲出色彩、讲出形象、讲出意境。

五、启发诱导

教学语言的启发诱导在于教师的语言要充分调动学生的积极思维,激发学生的各种分析能力。教学中对问题的提问和解答,往往不是一问一答,而是提供一些思考问题的线索,让学生自己动脑去探讨多种解答问题的途径与方法。

【例】初中学生读《孔乙己》,不易体会蕴藏在笑声后面的悲剧含义。教师便用启发性的语言提出问题:"孔乙己叫啥名字?"学生不假思索地回答:"叫孔乙己。"继而一想:不对呀!这三个字是从描红纸"上大人孔乙己"上挪用的绰号。"那么,他的真名字到底叫啥?"不知道,大家不知道,连孔乙己本人也可能不知道。学生于是理解到一个人一生中连自己的名字都给剥夺掉了,反映出他的命运悲惨到了什么地步,领悟了其中的悲剧含义。启发性教学语言的激思作用由此可见一斑。

教学语言的启发诱导,就在于在教学时"用语言把人们的心灵点亮"。在于能发展学生的思维能力,教师的教学语言应富有启发诱导性,给学生留下想象的空间,让学生能由"此"想到"彼",由"因"想到"果",由"表"想到"里",由"个别"想到"一般",收到"一石激起千层浪"的效果。

六、通俗易懂

通俗易懂的语言是教学语言的基础。通俗即朴素、自然,以浅显直白的语言形式表达内涵深刻的专业化学问和内容。因此,教学语言作为一种有声语言,教师必须将教案、讲稿转化为通俗的教学语言,力求做到通俗易懂、亲切感人。教师讲课最忌用书面语言代替口头语言,满口晦涩难懂的概念术语,甚至故作高深地说些文白夹杂的"玄话"。只有深入浅出,才能引人入胜。口语借助了语音的细微差别,故其内容更加丰富,从而产生言语的特殊表现力。尤其是在语气和声调的运用上,口语更利于恰当地表情达意。教学语言的通俗化,不等于用生活中的口语进行教学,而是以口语形式表现出来的口头语言和书面语言的结合,这样的教学语言才是最有活力和表现力的。

七、风趣幽默

风趣幽默是一种较高的言语境界,教学中的风趣幽默具有一定的特殊性,它的特殊性就在于它要受到课堂教学规律的制约,它的运用必须服务、服从于课堂教学,讲究教学语言风趣幽默运用的时机和场合,绝不可矫揉造作,画蛇添足,故作姿态,乱用、滥用来博取学生的笑声。而是为了促使学生深入思考,领悟其"话外之音",同时为学生营造一个轻松愉悦的学习氛围。

第三节　教学语言艺术的运用

作为一名教师,如果能自觉地运用口语艺术、表演艺术、审美艺术多方面地锤炼语言,那么就会使课堂教学内容精彩、跌宕起伏,达到事半功倍之效。教学语言艺术的运用要注意以下几个方面:

一、风格美

每位教师在教学中都会形成自身独有的教学语言风格。课堂内容林林总总,作为表现形式的语言也应如万斛泉源,随物赋形,千变万化。因此,中学教师应在保证教学语言观点正确、周到严密、含义准确、措词精当的前提下,力求风格多样化,锻造语言的风格美。

二、音色美

语言学原理认为:声音是意义的代表,也是意义存在的物质形式,语言是通过声音表现出来的。成功的教学语言所体现出来的声音不仅能够准确清晰地传达教学信息,而且能悦人耳、爽人心,娓娓动听。因此,中学教师必须对自己的声音进行有意识的研究和训练,努力使自己的声音准确清晰,生动流畅,节奏分明,富于美感。具体可以从下面两个方面去努力:

1.运用标准的普通话进行教学是构成音色美的必要条件。在教学中,教师的语言要符合普通话的发音标准,不用方言语调,不带乡音色彩,保持纯正的语言面貌,使学生进入遐想和联想的感知阶段,对知识含义的理解会更深刻。

2.准确清晰的语言表达是音色美的基础条件。声音是一发即逝、难以捕捉的,正是由于这种不确定性,教师如果语言表达含糊,语句晦涩难懂,就会造成学生思维上的停顿或空白,使其产生焦虑甚至反感的情绪。因此,只有增强语言的准确性和清晰度,才能真实地反映出教学知识和信息的科学性和精确性。

三、节奏美

教学语言艺术的真谛之一就是节奏的和谐。教学语言节奏指教师用口头语言所显示出来的有秩序、有节拍的变化和运动,具体表现为语音的高低强弱、语调的抑扬顿挫、语速的轻重缓急、语句的断连疏密等等。这也说明教学语言不能总是一个腔调,一种语速,一味的平铺直叙。

【例】在讲授《荷塘月色》一课时,教师可先以充满深情的语言朗读课文,时而低沉、时而轻柔、时而空灵,让学生在优美的朗读中展开想象,感受作者笔下亭亭的荷叶、袅娜的荷花、飘渺的荷香、凝碧的荷波、朦胧的月色,体会作者淡淡的忧伤和惆怅。

四、结构美

教学语言的结构美主要体现在:一堂课如何开头,中间如何形成高潮,如何突破重点、难点,如何提问,最后怎样结束等这些问题的恰当处理。当然,这其中的任何一个问题都对教学语言提出了更高的要求。

【例】在讲授《春》这篇课文时,就可以这样来设计结构。

1.导入新课

“春,会在我们的心灵中幻化出一派充满诗情画意的美好景象。春天是美丽的,当我们带着对美好景物的热爱、赞美之情的时候,我们思想的河流会跳动出充满对生命热爱的美妙无比的浪花;我们感情的波澜也会在秀美迤逦的景色的云海中起伏飘荡。朱自清先生散文《春》中所描绘的景物就充盈着跃动的活力和生命的灵气。我们今天就一起来了解感知作者是怎样用心灵去感受春天的景物的。”这一开场白有情有景,绘声绘色,即使在冬天,学生也会感到春意融融,眼前一片生机,从而激发他们学习《春》的强烈欲望。

2.感知内容

配乐感知性朗读课文,朗读时记住课文内容,从而勾勒出春草图、春花图、春风图、春雨图和迎春图这五幅图景。

3.潜心精读,分析重点、难点

首先提出问题:你喜欢哪一幅图画?说说原因并体会作者的思想感情。可以让学生自主、合作、探究学习,让学生自由朗读、思考后,四人为一小组讨论交流,每组推举一人发言。全班讨论回答,明确上述问题。重点分析以下几点:.

①小草偷偷地从土里钻出来——"钻"字用得好,"钻"表现了生命力顽强,写出了春草的挤劲。"偷偷地"写出了不经意间,春草已悄然而出的情景。这样写赋予小草以感情和意识,富有情趣,惹人喜爱。

②"嫩嫩的,绿绿的"本该在"小草"的前面,为什么放在句末?——放在句末,单独从句子中拿出来,主要是为了强调,突出了小草嫩绿的特点,同时使句子生动活泼,富有生气。读时第一个字重读,后两字要轻。将"嫩嫩的,绿绿的"放回原来应在的位置,作比较朗读,体味其不同的效果。

③"吹面不寒杨柳风",不错的,像母亲的手抚摸着你——抚摸是一种温暖、亲切、慈爱、幸福,含有深情的感觉。

4.总结延伸

文章开头写盼春,以"脚步近了"始,以"领着我们上前去"终,起于拟人,终于拟人,体现了结构的美妙和严谨。作者用心灵去感受春天的景物,将自己的情感美倾注其中,表现出作者向往春天、热爱生活、充满希望的真情实感,是不可多得的美文。课文结束时,可以留给学生一些思考和动手的时间。例如,整理收集关于春的诗文,仿照《春》写一篇关于秋的文章,从而锻炼学生勤于思考,善于观察,发挥想象的能力。

五、情感美

教师的教学语言的情感美可使学生体验到教师"同样的感情",甚至叩击学生心弦,引起共鸣。教学语言的情感美要求教师必须把情感融汇在对教材内容的深入理解和认识之中,使教学信息穿上情感的外衣。教学语言的情感还要求教师对自己的情感自觉地控制和调节。总之,教学语言的传情要随教学内容的变化而变化,使之形成与教学内容相吻合的一条情感曲线,时高时低,波澜起伏,这样才能充分发挥教学语言的情感功能。充满感情色彩的语言能启人心智、撩人情怀、激荡兴趣、体味美感。正如心理学家们所言:"情绪、情感既受人们对客观事物的需要、渴求或意向决定,又以它的信号和调节功能对人们的认识活动和意志行动起着强化和影响的作用。"因此,那些表现为积极向上、纯洁美好情感的教学语言往往能达到触动学生心灵、感化学生行动的效果。情真才能意切。"真者,精诚之至也。不精不诚,不能动人。故强哭者虽悲不哀;强怒者虽严不威;强亲者虽笑不和。真悲,无声而哀。真怒,未发而威。真亲,未笑而和。真在内者,神动于外,是所以贵真也。"中学教师只有深刻体会教材的思想内容,充满发自内心深处的各种情感,才能使语言饱含满腔热情,并以此感染学生,取得良好的教学效果。

【例】朱自清的《背影》,主要表达了浓厚的父子之情。为了唤起学生的情感体验,教师可以说:"同学们,俗话说,'父子之情大如天'我们很熟悉唐代诗人孟郊的《游子吟》,大家一起来重温这首诗。"当学生背完后,教师则可以继续诱导:"在这首诗中,孟郊描写了慈母对游子的爱抚之情,也抒发了游子对母亲的依恋之情,确实是母子情深。那么今天我们要学习的课文是朱自清先生的《背影》,作者又是怎样表达父子之情的呢?"一首诗,一席话,诱发了学生的感情,为学习课文作了感情的铺垫。人同此心,情同此理,学生心灵的情弦被教师拨动了。

另外,中学教师语言的感情变化,必须根据教材的内容,该喜则喜,该怒则怒,该乐则乐,在是非、善恶和美丑面前,表明自己的爱憎,并用生动的语言加以渲染,引导情感的触发点,拨动学生的感情之弦,引起他们的思想共鸣,产生师生情感互通、水乳交融的和谐气氛。

六、意境美

意境的本义是指文学作品中所描绘的生活图景与作者的思想感情融合一致而形成的一种艺术境界。这里所说的意境,是指教师在教学中通过语言创造出的一种氛围。一个优美的意境往往能收到"转轴拨弦三两声,未成曲调先有情"的功效,牢牢地吸引住学生,把他们带入知识的遥想中去。那么,中学教师在教学中又如何针对教学内容创造出深邃、幽美、高雅的意境呢?

1.加强语言的形象化,创造出情景合一的境界

意境本身就是通过对事物生动形象、出神入化的描述,借助人们的情感体验,唤起人们的审美感受。教师根据教学内容把它们自身所蕴含的事物的形状、色彩、声音,用形象化的语言绘声绘色地加以描绘,使学生可触可感,达到一种情景契合的境界。

2.增强语言的哲理性,形成情理相融

蕴涵丰富的意境、情理交融是情与理的统一,是由情感愉悦进入理性思考的结晶,教师在授课时,不仅要用语言使人领略到诗情画意,而且还要深刻领悟事物的内在神韵,用富有感情色彩的语言形式,把深奥的哲理诱发出来,做到以情寓理,理在情中,使学生在学习中受到情的感染,理的启迪。

第十一讲　教学非语言艺术

语言行为与非语言行为在课堂教学中并驾齐驱。对于前者,人们时常关注;而对于后者,却鲜究其理。非语言行为不仅可以加强语言行为的效果,而且可独立地传达信息,在课堂教学中起着不可替代的作用。

第一节　教学非语言艺术概述

一、教学非语言艺术的含义

张武生在《教学艺术论》中,专门研讨了教学中非语言艺术的各种问题。他认为,教学中的非语言艺术是指教学主体在教学中身体的有关部分所发出的有意义的动作的总和。其中"身体的有关部分"主要指面部、眉目、手腿脚、身姿等;"有意义"是指与教学有关或为达到教学目的而有意做出的。李如密在《教学艺术策略》中认为,教学非语言表达艺术是指教师在教学中创造性地运用非言语因素进行教学表达的活动。

教学非语言艺术是教师在教学活动中,运用动作、表情、板书、教具等非语言手段,创设教学情境,创造性地组织教学,使学生在愉快中高效率进行学习的精湛的教学技能。

二、教学非语言艺术的功能

（一）替代功能

教学中的非语言行为可以补充、加强甚至代替语言,在很多特定的情境下,能起到比语言更有力的效果。例如,教师在上课时,看到学生在下面做小动作,教师运用非语言行为,自然地向做小动作的学生走去,一边讲课一边用手轻轻拍拍学生的肩,不但制止了学生的小动作,使其专心听讲,同时又没有打乱课堂的教学进程。教师用动作代替了口头批评,不费口舌,不动声色,不影响教学,真可谓"经济实惠"的教育方式。显然,在这种情况下非语言行为比语言行为更有效。

非语言表达为教学手段赋予了更丰富的感情内涵,并能有效促进教师和学生的双向情感交流。教育心理学研究表明,学生智力潜能的开发与发挥,受其学习过程中情绪状态的影响。学生在课堂上情绪的变化受教师体态行为的制约。教师的表情、眼神、身姿、手势无不影响着学生的心境和态度,进而对学生的情绪产生极大的暗示性和感染力。教师积极的回应会促进学生的智力活动,使学生产生一种轻松愉快、自然明朗的情感。积极的情绪和愉悦的心境有利于教学信息的传授、加工和储藏,并能激发学生的学习动机。例如,学生完成一项任务,很想马上得到教师的认可或指正,而课堂上学生又多,教师不可能一一表扬、批评或指正。这时教师就要使用非语言教学法(点头、微笑或手势等),迅速作出判断,满足学生的心理要求,使学生心理充满快乐和自信。

(二)辅助功能

教师的非语言行为一般是随着有声语言发出的,它对有声语言起着辅助作用。的确,教学中的非语言有许多都是为辅助语言而做出的。如果离开了语言表达,就不能使学生清楚地明白非语言表达的思想和感情。如果语言表达辅以手势动作、姿势、表情和眼神,则将大为增色,使之更加具有艺术光彩。

【例】教学《笑》一课时,课文中出现了嫣然一笑、皮笑肉不笑、回眸一笑、冷笑等几十种笑。教师如只用语言讲述,学生就不容易理解透彻,若加上一个准确的动作,学生就能心领神会,而且记忆长久。

(三)调节控制功能

课堂教学的组织与调节中,许多教学指令不是单靠口头语言发出的。非语言也是向学生发出命令、提出要求、指示方向的有效途径。

【例】教师正在讲课，坐在前排的一个学生一边听一边习惯性地转动着手中的笔，突然那笔脱离了控制飞出去，落到讲台上，发出"啪"的一声，有学生开始窃笑。这时如果教师的反应不得当，势必会引起小小的混乱而影响教学进度。而非言语行为此刻便可粉墨登场，大显身手了。其实，教师只需面不改色地俯身拾起地上的笔，交还给那位学生，同时投去一缕责备的目光，然后继续讲课即可。又例如，当某个教师感觉到课堂潜伏着一种混乱时，他可以站在学生中间加以制止。如果教室后面的学生开始变得无所事事，教师可走过去并站在他们附近，如果这还不能奏效的话，教师应给予适当的视觉警告，如狠狠地盯住某个学生，或许就能奏效。这和教师站在讲台上警告、劝告某个学生遵守纪律的效果会大不一样。

(四)情感交流功能

教师的非语言艺术不但能替代、辅助、传递有声语言，而且具有重要的情感交流功能。美国举止形态学专家布鲁克斯说："教师对本学科的酷爱所表现出来的富有感染力的激情在很大程度上要通过体态语言体现出来，专心致志，津津乐道的教师的体态总是微微向前倾，面部表情神采飞扬，语气热烈而富有激情。"这说明发自于内心的饱满情意需要通过形之于外的非语言行为表露出来。教师在对课文进行充分的内心体验的基础上，在教材分析的过程中，随着教学内容的变化，将不同的情感在非语言行为上表现出来，"快者掀髯，愤者扼腕，悲者掩泣，羡者色飞"。把自己喜怒哀乐的情绪直接传递给学生，感染学生，引起学生的情绪体验，从而提高课堂信息的效率。教师非语言行为传递情感的方式是多种多样的。可以说，教师的点头、挥手、微笑、皱眉，甚至是瞬间的眼神闪动，无不是其心迹的表露，感情的外化。

【例】在教学过程中，一些比较难的问题，部分学生一时难以理解。

遇到这种情况,教师可用亲切和蔼的目光对待他们,使学生从教师的目光和神态中受到感染和鼓励。如点头、拍手、竖起大拇指等,从而减轻学生的心理压力,产生"老师相信我,我一定加倍努力,不辜负老师对我的希望!"的自信心理。

(五)提高教学效率的功能

如果教师采用单一的言语形式照本宣科或坐而论道,既没有表情,又缺少动作,把丰富、生动的教学内容讲得单调、干瘪,学生听课就会感到平淡乏味,如同嚼蜡,继而产生疲劳感,甚至思维停滞,拒收信息。相反,如果教师善于在课堂教学中使用非言语行为,则可实现对学生视、听感官的全面刺激,引起并保持大脑皮层的兴奋性,增强学生信息系统的摄取功能,增大信息的摄入量,获得清晰、准确的知识,从而有效提高学习效率。

由于非语言行为的抽象程度比较低,往往较为形象,所以能更生动地表现人的内心活动。如教师在讲解舞蹈、技术操作等课程时,很大程度上是靠体态语言的客观性和规定性直接进行知识传授的。非语言行为在教学中与有声语言相比,更直接地刺激学生的视觉器官。教学实践证明,要扩大学生对教师发出的有用信息的接受量,就必须增加对学生的感官刺激,从而有效地提高课堂教学效率。

第二节　教学非语言艺术的特性

在日常教学中,教师主要运用语言释疑解惑。教学语言作为重要的传递信息和表达思想的工具,却难免在一定条件下表现出言不尽情,词不达意的情景,影响教学效果。所以,需要非语言行为来弥补课堂语言的不足,同时对教学语言予以支持、修饰和加强。教学非语言艺术要求教师在教学中恰如其分地把每一个动作,每一种姿势、表情巧妙地体现在教学过程中,极大地引起学生的共鸣,热烈地烘托课堂气氛,增加教育教学效果。下面具体来讲,教学非语言艺术的特性有以下几个方面。

一、教育性

教师的体态语言行为的第一特点是它的教育性,这一点是教师这一职业特点所决定的。所谓"学高为师,身正为范"讲的就是这个道理。教师在讲台前一站,便被几十双眼睛紧紧盯住。这一点很像舞台上的演员,教师是讲台上的主角,无论是举手投足,还是一颦一笑;无论是发型装饰,还是衣着打扮,均在学生目光"射程"之内。学生不仅仅在看老师,而且在品评老师,不仅仅在品评,而且在品评之后,学生对老师或认可,或反感。由于教师的这一职业特点,教师必须注意自己的体态语言的教育性。有些教师在这方面不太注意,在课堂上,有时手挖鼻孔,有时伸手挠痒,有时斜靠讲台……这些不良的体态语言,不但会引起学生的反感,还会降低教育教学效果。

二、有意性

一般人的体态语具有相当大的随意性。例如见了熟人,面部会很习惯地、自然地露出笑容。见了自己讨厌的人,会转过身,或不自觉地把笑容收起。与人交谈打手势也很随便,这些体态语一般没有经过设计,是自然而然的。教师则不然;教师不能把与课堂教学无关的个人情绪和表情随意带入教室,因此必须有意识地进行选择,把有利于课堂教学的非语言行为淋漓尽致地展现,把不利于教学的表情隐藏起来,人为地加以掩饰。正如马卡连柯所说:"我从来不让自己有忧愁的神色和抑郁的面容,甚至我有不愉快的事情,我生了病,也不在儿童面前表现出来。"

三、真实性

社会是复杂的,而语言是复杂社会的反映,长期的社会利益争斗造成了语言的欺骗性和隐蔽性。而非语言行为较之语言行为具有更大的真实性;有研究表明,非语言行为显示人的内心世界的效果是语言行为的五倍。因为语言行为所表达的意义大多属理性层面,经过加工整理后披上了一定的伪装,有时甚至与人们的内心想法截然相反,所谓"言不由衷"即属此类。而非言语行为则总是潜意识的自然流露,因此更加真实。这一特点是由体态语言的习惯性决定的。人的体态语言是人的内心意识与潜意识的一种反映。

人随着年龄的增长,体态语言也会逐渐变得越来越隐蔽。但无论随着年龄的增加使体态语言变得如何隐蔽,想百分之百地掩盖内心的真实情感是非常困难的。国外有一种"MMES"的说法,意思是"细小短暂表情"。这种表情表露时间非常之短,在这短暂的时间里一个人的思想和表情有一搭接现象,会从面部表情流露出来。课堂教学中,教师同学生一样,非语言行为会直接反映出其思想感情,所以,教师应以真情实感来感染和教育学生。

四、差异性

从社会学角度讲,非语言行为的差异性是由不同国家民族的发展背景造成的。从个体角度看,人与人的非语言行为是由于不同的生活背景造成的。非语言表达的个别差异性对每个教师来说都有重要的启发意义。

【例】两个中学生在课堂上做小动作,教师以同样的方式——严厉的目光注视他们,一个平时很少受到教师关注的学生可能会因为引起教师对他的长时间注意而沾沾自喜,而另一个常受教师瞩目的尖子学生则会立刻羞愧地低下头。可见,教师应对不同学生的具体情况进行全面深入细致的了解,以便能够及时准确地捕捉他们所传递的不同的非语言信息,实现师生心灵之间的顺畅交流。

五、多样性和灵活性

教师的同一非语言行为可表达多种含义,同一含义也可通过多种非语言行为表达。如同样一个拍肩的动作。当学生开小差时,可意味着提醒学生听讲;当学生做习题有创造性解法时,则意味着鼓励和赞扬。

教学非语言表达的多样性和灵活性与表达的情境紧密相关,脱离开具体情境,其意义可能就会发生变化。比如微笑,它至少可以表示如下十几种意义:致意、同意、肯定、承认、赞同、感谢、应允、满意、认可、理解、顺从等。不过,教师和学生是在特定的情境下通过非语言手段达到沟通的。具有表达不确定性的非语言手段在一定的情境下往往表达又是确切的。因此,教师要确切地分辨、判断其具体符号的意义,不仅要综合身势情态的各种符号信息,还应体察语境。如果孤立地解释某一种非语言符号,往往会出现曲解、误会以至完全理解错误的失误。

第三节　教学非语言艺术的运用

教师的非语言表达在教学中的作用是不容忽视的。当口头语言不足以表达思想感情时,教师若能将非语言艺术运用得当,将会对教学活动起到良好的促进作用。教学非语言艺术的运用主要有以下几方面。

一、优雅大方的仪表

教师的仪表语言是指教师的外表、穿着等所传达的信息,它是向学生传送信息的第一件工具,所谓第一印象在大多数情况下就是从观察人的外表而产生的。因此,教师在进入课堂前首先应做好衣着的准备,教师因其职业要求,外表、穿着应是整洁、朴素、大方,这既能体现教师的精神面貌和内在素质,又能积极地发挥课堂教学效应。

在课堂上,教师不能不考虑自己的为师身份而不修边幅。若教师不修边幅,着装不伦不类,是很难为学生所接受的。一位名人说过:"从口袋里掏出揉皱了的脏手帕的教师,已经失去了当教师的资格了。"当然,也不能一味追求潮流而过分打扮,要讲究美观,其检验尺度便是简朴、自然。走上讲台的教师,尤其是女教师,不宜穿戴艳丽,应以素淡色彩为宜,化妆也不能浓墨重彩,以淡雅为佳,更不能浑身珠光宝气,否则,学生的视线就易集中于教师的装扮,上课自然就难以收到好的效果。而朴素大方的形象很容易融入到学生中间去,从而收到较好的效果。总之,有修养的教师常能使自己的外表、穿着和"灵魂工程师"这一角色相和谐,使外表美与性格美相互辉映,起到"山蕴玉而生辉,水怀珠而川媚"的艺术效果,增添教学的魅力。

二、神韵丰富的眼神

俗话说:"眼睛是心灵的窗户。"从眼睛里可以传送出各种信息,流露出各种感情,比如祥林嫂的麻木呆滞、玛蒂尔德夫人的惊慌失措等。作为面部表情中最富于表现力部分的眼神实际上是个体心理和思维的反映。教师的眼神不同于演员,教师的眼神应是自身内心愉悦情感的真实流露,学生凭借经验和体验,去充分体味和理解教师眼神中所发出的真实信息。艺术素养较高的教师善于用和蔼亲切的目光去捕捉学生的视线,让眼光洒遍教室的每个角落,能使每个学生都感到自己处在教师的"注意圈"中,都有自己是教师"注意中心"的感觉。教师微笑的眼神能使学生感到温暖,镇定的眼神使学生感到安全,信任的眼神使学生感到鼓舞,责备的眼神让违纪的学生感到负疚。教师本身也要注意不宜对学生久视、直视或斜视,讲课时不能紧盯天花板或室外,更不能东张西望,眼神飘忽不定。

教师不仅要恰当运用自身的眼神,还要读懂学生的眼神语言,以便及时取得有效的反馈,调整教学进程。一般来说,教师应善于成为全班学生的视觉中心,这样不仅能使学生大脑注意力处于集中兴奋状态,还可判断学生注意力集中的程度以及教学中学生的各种反应。

三、自然真实的表情

这里所说的表情,主要指面部表情,它是心灵、思想的显示屏。可以说，一个人的喜、怒、忧、思、悲、恐、惊，全都可以从面部表情上反映出来。相对于仪表而言，教师的表情是一种动态的无声语言，它蕴含了大量的情感交流信息。亲切自然的表情，常会帮助学生取得较大的成功，它直接作用于学生的情绪，而学生积极情绪体验的产生，又有助于注意的维持、记忆的增强、理解的加深，从而收到较好的整体效果。因此，教师在课堂教学过程中如能针对课堂上出现的不同情况，巧妙地运用好面部表情语言，不但可以有效地调节课堂教学气氛，而且还可以提高单位时间内的教学效果。

真实、自然是教师表情美的主要特征。有艺术素养的教师，能够十分娴熟地使内心的情绪体验与表情相一致，恰到好处地将喜怒哀乐形于色，不仅使教学生动活泼准确传神，而且可以有效地唤起学生的注意，准确地把握教师在当时情景下特定的情绪体验，激起相应的情绪体验，调整自己的行为，使之与教学的节拍和要求一致。教师表情的教育价值正是教学艺术之魅力所在，同时，教师的表情又决不能仅满足于"形于色"。出于教育的需要，又要能做到"不形于色"。例如，对聪明学生思维敏捷感到惊喜的表情，就应因人而异，对容易骄傲自大的学生则不可轻易喜形于色了。例如对教学中偶发事件所出现的惊慌更不能形于色。如某班在上课过程中，一阵大风突然袭来，打碎了教室窗户的一块玻璃，同学们的注意力被此吸引住了，教师面对这种情况，自己不能乱，更不能喊叫或批评。

此外，教师生活中的忧愁与不愉快，也应深深地藏于心底，在学生面前，教师应永远是亲切自然的表情。一般来说，一位教师驾驭和控制自己的情绪及其表情外在表现的能力越强，他的教学艺术水平也就越高，他的教学也就越成熟。

四、恰到好处的手势

语言虽然可以传递各种教学信息，但若没有手势，课堂教学就像机械运转一样冷漠死板。手势所反映的是动作语言,但又区别于哑语,它是紧随着口语和眼神,作出暗示和强化教学效果的一种力量,它既能表示肯定,也能表示否定,还能表示一定的节奏和力度。恰到好处、准确得体的手势可以让教师的课堂语言直观形象。可见,在课堂上手势动作的发挥和眼神的交流,均可填补有声语言的不足和空白,从而为教学增添艺术魅力。

【例】上《观舞者》的公开课时,当教师讲到什么是蒙古舞、新疆舞等舞蹈时,手伴着音乐灵活地演示起来,学生很快就明白了这些舞蹈,漂亮得体的手势无疑会令课堂教学锦上添花。

教室毕竟与舞台不同,不切实际的手舞足蹈则会显得轻浮而不稳重,而过于死板又会让学生受到压抑、拘束。手势应强调自然和真实,无须刻意追求某种形式,不过应该遵循下面的原则:

1.不要过多地重复一个手势,以免学生感到乏味。

2.不要把手交叉在腰上或笔直地扶在讲台上装作老成持重,更不要搔耳挠腮,转移学生的视线。

3.不要把手势结束得太快,以免学生感觉突然。

4.要保持手势自然、适度,达到"出其手若出其心",避免大动作、夸张和过火。

五、从容大度的举止

教师的举止主要是指教师的举动和动态的身体姿势。举止是一系列动作的总和,这些动作用来传达教师一定的心理状态和要交流的信息内容。教师举止要从容大度,给人以美感,同时又要蕴含一定的教育价值。从容大度就是指教师的举止要从容、安详、轻柔、大方。从容,让学生感到踏实、安全;安详,使学生充满信心;轻柔,使学生感到亲切;大方,使学生感到舒适自然。

同样,教师的举止也要注意运用适当的力度,适中的幅度以及准确的动作范围,使举止动作这一非语言教学充分发挥其特有的教学艺术功能,适时地创设一些教学情境更好地为教学这个中心服务。研究举止语言,还能提高教师判别学生举止语言的能力,从学生的坐姿、站姿获得学生是否疲劳,是否在认真听讲,是否与老师有对立情绪等重要信息,以便更好地有的放矢,因材施教。

非语言教学艺术在课堂教学中的开拓与运用,可探索的方面还很多,特别是在课堂教学艺术日益发展的今天,更日益凸显其重要性。一堂课的成功与否,固然与文化知识传授的多少有关,但更重要的是要看它能否带领学生一起进入一种崇高的美的意境,使他们不仅可以高质量、高速度、高效率地掌握教师传授的科学文化知识,更能从教师的教学艺术中,得到艺术的享受和丰富多彩的性情陶冶,进而焕发出一种不可抑制的创造能力。作为教师,在知识传授的同时,应注意进一步开拓对教学艺术之一的非语言艺术的研究,从而使我们的课堂教学更加具有艺术魅力。

第十二讲　教学媒体运用艺术

教学媒体运用不仅能够激发学生求知欲,有效地解决传统教法难以解决的一些教学问题,而且令课堂教学充满生机和活力,收到很好的教学效果。

一、教学媒体含义

教学媒体是指课堂教学中教师向学生传递信息的工具。它有传统与现代之分。传统教学媒体是指记载了教学材料的黑板、教科书及教师讲课的语言及手势等。现代教学媒体主要指电化教育媒体。在教育现代化的今天,广泛而正确地使用电教媒体,能够化抽象为具体,化静态为动态,这必将大大提高课堂教学效率。随着学校硬件条件的改善,多媒体教学更加广泛地应用到教学一线,例如,幻灯片课件、电子黑板、电影、Flash动画、语言实验室等。

二、运用现代教学媒体的原因

现代社会是信息社会,我们工作的每个细节几乎都得依赖计算机。所以掌握多媒体技术是成功的必要前提。随着计算机本身的发展,再过几年,甚至我们的工作都能在家里用计算机完成。如果我们不把现代教育技术作为重要的教育内容的话,怎能说我们在培养创新型未来人才?

通过计算机传播的信息给我们带来观念上的更新,使我们变成现代人的这种信心更大,就像我们把数理化学好去面对这个世界那样充满信心。而在这个时代我们掌握了计算机技术,就会处理最新的信息。由于现代教育技术的引入,我们整个思维方式都变新了。

中学生由于年龄小,思维还不够完善,生活积累较少,知识掌握得也不多,对于一些抽象的东西学起来难度很大。运用一些必要的教学仪器或电教手段,就可以化抽象为具体,使学生看得见、摸得着,帮助学生理解、掌握有关知识,同时由于某些教学媒体本身具有直观、形象的特点,又能激发学生的学习兴趣,激励他们积极主动地去学习。

三、运用教学媒体的优势

(一)引起学习兴趣,激发学习动力

由于整合了图形和影像等元素,多媒体无疑为课堂教学增添了一道亮丽的风景,在视觉和听觉的双重刺激下,学生的注意力非常容易集中,某些元素也会留给学生更为深刻的印象。例如,老师在讲解"抛物线及其标准方程"时,在导入课题的过程中,应用了"河北赵州桥""栅格抛物线天线""由抛物线旋转而成的抛物面的汽车反射镜"等影音材料,把学生的注意力一下子吸引到课堂教学中来,给了学生一个非常直观的抛物线的印象,也让大家有一种数学无处不在的感受。

(二)演示精确的科学实验过程

当遇到实验时,例如,在数学教学中,引入几种圆锥曲线的由来时,书上的实验在"粉笔+黑板"为主体的传统教学中做起数学实验来很不方便,无论是椭圆、双曲线,还是抛物线的实验,课堂教学中的可操作性不强,如果利用计算机来模拟这些实验,非常直观、清晰,教学效果非常好。例如,利用几何画板模拟出抛物线轨迹的形成实验的环境,解决了两个最主要的问题:一是确保了到定点 F 的距离等于到定直线 L 的距离这一事实。在计算机中,可以精确地测出 $|ML|$(动点 M 到定直线 L 的距离)和 $|MF|$(动点 M 到定点 F 的距离),从而根据它们的瞬时长度相等,让人更加信服;二是动态地显示了这一轨迹的形成过程,更为直观。

(三)课堂容量大增

在传统的教学模式中,让老师最为头疼的莫过于书写量大。例题、习题、表格、结构图等等,以往都是通过额外加小黑板的形式来解决,但是这样处理容量也相当有限,并且非常不方便,现在有了多媒体教学,可以非常方便地把这些知识制作成为精美的课件,游刃有余地显示大量的文字信息。教学媒体优势相当明显,节省时间的同时,课堂容量大幅度增加。

(四)演绎动态的变化过程

在传统教学中,有些内容依照传统板书方式很难讲授清楚,学生也不好理解。例如,立体几何多面体欧拉公式的证明,以及锥体体积公式的证明。在多面体欧拉公式的证明中,牵涉到将多面体转化为由多边形组成的平面图形这一步骤,也就是通常所说的压缩平铺过程。这一步骤倘若利用 PowerPoint 或者最好利用 Flash 制作成渐变的过程,那么学生可以很直观地观测出这一变形中的不变量。此外,多媒体教学还有可重复性等优势。

四、运用教学媒体的弊端

多媒体教学具有很明显的优势,但也存在弊端。

大多数中学生都非常肯定多媒体教学的直观性、丰富性。但计算机辅助教学信息量较大、变化较快,有时中学生很难跟上课件的速度,想在课堂上吸收和掌握知识有一定困难,记笔记却跟不上课件,又找不到重点。而老师却站在自己的角度,理解不到学生对课件的这种既爱又恨的感觉。

另外,现在的中学阶段学生对事物的认知程度还不高,在掌握知识的过程中需要一定的模仿。而老师无疑应该承担起榜样这一角色。哪怕是画图的一笔一画都会对学生产生一定的影响。而作为初学者的学生有很多人在把文字、符号语言转化为图形语言的过程中存在不小的困难,画不出一个直观的图形,自己都看不清楚,很难想象能顺利地解决例如立体几何等问题。中学教师应当身先士卒,把每个典型图形的画法依据直观、简洁、明了的方式呈现在学生面前。这一点无需运用现代教学媒体。

五、运用教学媒体的整合

多媒体教学是把双刃剑,关键看你怎么整合各种媒介,能否充分发挥各种媒体的自身优势。

在平时的教学中也应注意以下几点:

1.努力利用多媒体营造一个愉快、和谐、民主、激情的环境。心理学表明一个人在和谐,愉快的环境中吸取知识的效率最高。传统的教学方式也会让学生厌倦,因此,适时地采用多媒体教学,增强教学的直观性,减轻学生"空想"的思维累赘会给学生一种清新的感觉。这样也有助于为学生提供一个思维平台,让他们站在多媒体元素的基础上,想得更远,培养他们的创新意识和动手能力。

2.在多媒体素材的收集上,不要贪多,要注重质量。要精练、准确、美观、巧妙、灵活,在力求增大课堂容量的同时,提高课堂的教学效果。

六、运用教学媒体的误区

误区1:画蛇添足

首先,我们要明白,多媒体教学并不是为了让课堂变得花哨,更不是为了博取学生一笑。因此在课件设计和制作同时,切忌贪多,追求形式上的"漂亮"。试想过多夸张的动画、震撼的效果反而会喧宾夺主。也要充分考虑到学生的年龄阶段选择素材。

误区2:喧宾夺主

学生和教师是课堂的主人。既然叫计算机辅助教学,那么"辅助"二字就体现出了它对整个教学过程不过是一种辅助,中学教师要把握好使用多媒体教学的分寸,现在网络资源相当丰富,也有不少名校、名师的教学录像或者录音可以供我们参考。本来这是一件好事情,但是切忌把整个教学过程往自己的课堂上一搬,不具体情况具体分析,导致老师可有可无,学生也会感觉难以融入"别人的教学过程"。倘若这样都行,那学校还要那么多自己的老师干嘛?不如干脆找来录像,天天放给学生看就行了。

误区 3：越俎代庖

由于多媒体教学的方便性，在日常教学中，教师容易像放电影一样对于某些公式或者运算的推导过程一放到底，甚至包办了本该属于学生运算、思考的问题，并自我感觉良好，觉得教学过程很顺利流畅，谁知这样越俎代庖让课堂的含金量反而下降，一节课下来眼花缭乱，学生抓不住重点、难点，记不住多少教学内容，更没有了独立分析、思考的机会，更别说对动手能力的培养了。

总的来说，课堂教学上的多媒体教学有利有弊，关键看你如何去整合，中学教师应不断探索与积累，在设计每个教学过程当中都应当注意该程序的教育性、科学性、技术性、艺术性和实用性，力求权衡利弊，取长补短。

七、运用教学媒体的策略与方法

由于多媒体本身的特殊性，使得多媒体教学存在着一定的局限性，它在发展过程中存在问题和不足也逐步呈现出来，只有取长补短，根据教学内容和目标科学合理地使用媒体，才能很巧妙地去整合，达到事半功倍的效果。

（一）应从实际出发，避免追求表面，随意滥用

1.恰当使用媒体，发挥媒体功效

中学教师的课堂教学过程，实际上就是教师借助教学媒体，采用适当的教学方法，向学生传播教学内容和接受学生信息反馈，将教与学有效融合的过程。多媒体所展示的内容更具体、更直接、更有利于知识的传播。所以教师利用媒体要从实际出发，实现因材施教，并及时调整教学内容，使课堂教学有条不紊地进行，所以说要充分运用好媒体，恰当用好媒体，真正发挥媒体的功能，起好辅助教学的作用。一堂好的多媒体课，它应该是现代与传统媒体完美结合的产物，在运用中要扬长避短、巧妙整合。在课堂上，学科课程与信息技术的整合应体现"教师为主导，学生为主体"的教学理念，创设具有丰富性、挑战性和开放性的教学环境。

2.合理运用媒体,优化课堂教学

运用媒体教学有很多优势,但它仅仅是媒体而已。可有的教师却误以为它是一种"全能媒体"。他们没有从媒体的角度来看待多媒体电脑,整堂课不管是课题、例题,还是课文中的字、词、句等,一切由电脑来完成,既省力又容量大。一堂课下来,黑板上不留一点痕迹,电脑成了另一本供学生观看的"课本",结果教学效果非常不理想。多媒体功能的发挥是有赖于一定的条件的,并不是说在教学中采用了多媒体就一定能改善教学,更不是说多媒体用得越多越好,还需多考虑,在什么条件下用,如何使用,而不是随意滥用。

【例】一位教师在上课前,从实际出发,依据本课的内容,精心设计、制定了一个非常实用的语文课件,在课堂上,教师提出了这样一个问题:春天到了,会有什么样的变化? 以前学生只能是通过教师的讲解,学生通过抽象的表象去回答问题,这样的学习,学生觉得枯燥无味。如今,教师采用了多媒体课件来进行教学,播放几个鲜花绽放、植物破土发芽的景色画面等等,教师以讲解员的身份进行旁白,学生通过欣赏春天美丽的大自然画面,倾听教师的旁白,兴趣顿生,萌发想象,在教师的指导下用图文结合的方法学习课文,求知欲受到激发,注意力被画面和动画吸引过来,学生就在愉悦的心境中,进入了学习的佳境,因而,应用媒体进行教学,会使学生乐学、主动地学,一个优秀的课件,取得教学效果也好,所以教师在用教学媒体时,一定要从实际出发。力求优化课堂。

3.合理制作课件,提高课堂效率

多媒体课件是为了课堂教学服务的,所以课件的好坏应该体现在其使用效果上,所以说用课件时,必须从实际出发,注重实效,多媒体使用不在于多,而在于精,在于准,在于巧。

(二)紧扣教材重点,避免随意呈现、主次不分

运用多媒体时,一定要紧扣教材重点。在课堂教学过程中,多媒体

的运用能够把被感知的对象直观地呈现出来,通过音响、色彩、动画等刺激学生的多种感官,不断地激发学生的兴趣,使他们的注意力更集中、稳定、持久,思维更加积极活跃,从而达到预期的教学目的。但在课堂实践中,一些教师或多或少地偏离了教学目标。例如,在一堂数学课上,教师让学生计算几道数学题,教师运用多媒体展示了一座迷宫,在迷宫内布置了几道算式,问学生:"你们能计算这些题吗?"结果几乎没几个学生回答。原来学生们都被那迷宫吸引住了,没有心思去看那几道算式。日常教学中,适当地运用媒体教学是必要的,但如果引用过多则会冲淡教学主题。在不失时机发挥媒体作用的同时,还需考虑展示媒体的最佳时机。以最佳的方式呈现,从而帮助学生解决问题,切忌不可随意呈现,更不可喧宾夺主,否则就适得其反了。抓住关键、抓住重点,来选取媒体课件,有助于达到教学目的。合理使用电脑媒体,能有效地弥补传统教学的不足,化抽象为具体,把难以理解的内容或不容易观察到的事物用媒体充分显示出来,调动学生的视觉直观功能,为抓住重点、突破难点,创造出良好的氛围。

(三)教师要精心制作多媒体课件,避免粗制滥造,无的放矢

对于中学生来说,枯燥的挂图及讲解很难激发他们的求知欲。机械地听,机械地背,效果不好。多媒体课件的使用,可以让他们感受到学习之美。例如,《苏州园林》一课,在作者笔下,园林景观活灵活现,优美动人,但毕竟那是文字。如果教师把每一处园林通过屏幕显示出来,图文并茂,学生们就可以通过文字学习如何欣赏园林,又从园林实景图中感受作者的运笔之美。再例如,历史上一个个故事,一件件艺术品通过画面生动地演绎出来。这种"历史"再现,仿佛让同学们回到几千年以前。要想达到一定的教学效果,当然要精心制作,避免粗制滥造,运用多媒体,就是希望在声、光、色、图的配合下,来营造一种赏心悦目的氛围,激发学生的想象力和创造力。课件的制作,既要讲究科学性,还要讲究美感。一位地理教师在讲太阳、地球、月亮之间的关系时,一开始只做了一个三维动态图,这时

太阳、地球、月亮都动起来了,可是色彩很差,球是光秃秃的,而且画面是一次呈现,较难观察。于是他给它们定义了符合太阳、地球、月亮的呈现方法,又配上了具有神秘色彩的音效,其效果就好多了。运用媒体教学一定要讲究科学性、准确性,这样才能收到好的教学效果。

八、媒体辅助教学的选用方法

除了我们所熟悉的传统教学媒体(黑板、挂图、实物、学具等)以外,现代教学媒体可分为四类:一是光学类媒体,包括幻灯机、投影仪及相应的幻灯片、投影片等;二是音响类媒体,包括收音机、扩音机、无线话筒、录音机、激光唱机及相应的录音带和唱片;三是声像结合类媒体,包括电影放映机、电视机、录像机、激光视盘放映机,以及相应的电影胶片、录像带、光盘等;四是综合类媒体,包括语言实验室、学习反应分析器、计算机多媒体系统等及其配套的软件。不同类型媒体具有不同的特性和功能,在教学中使用的范围与方法也不尽相同,面对种类繁多的教学媒体,媒体技能的训练必须采取分类培训、重点突破的方法,有计划地逐步提高运用媒体辅助教学的能力。

音响类媒体的教学技能训练,应在学会收录机、激光唱机、语言实验室等操作技术的基础上,强化对各种辅助教学方法的训练,如示范法、比较法、情境法、反馈法等。

1.启发示范法

它是运用录音材料给学生启发示范的方法。这种方法又可分为四种不同的方式:静听——让学生凝神静听,教师给予指导;静听默读——让学生跟着示范默读课文;伴读伴唱——让学生随着示范一起读或唱,教师给予指导与核查;领读领唱——媒体领读领唱,学生跟读跟唱,使用此法教师要根据教学要求选择软件,可以全文启发示范,也可部分片断启发示范。同时要恰当处理媒体示范和教师亲自启发示范或学生启发示范的关系。一般来说,教师启发示范可辅之以表情手势,并可穿插提示,媒体示范则更规范、标准,因此二者应相互配合。

2.比较辨析法

即提供对比性音响材料,引导学生区分鉴别的教学方法。例如,比较发音、读音的细微差别;比较语气、语调的不同;比较歌曲的不同演唱方法等。这种方法的运用,教师必须善于引导学生辨析正误、优劣,找出差别的根源,并强化学生的矫正活动。

3.创设情境法

即利用音响材料创设适合教学的环境,增强教学效果的一种方法。例如,播放配有哀乐的朗读录音来教学《十里长街送总理》,能迅速将学生带入课文的意境,受到感染。为了创设情境,音响媒体常常和其他媒体配合使用,教师要善于酌情处理。例如,可与幻灯、投影配合,亦可与学生表演结合,还可用播放录音乐曲与教师的表情朗读结合等。

4.反馈调控法

即当堂录放学生的发音、朗读、唱歌等,并进行分析评价的方法。这种方法不仅能活跃课堂气氛,还有利于学生能力的提高,运用这种方法,教师要作好周密的安排:如找准问题有针对性录音,放音时如何指导全体学生,并防止伤害不愿录音或录音效果不好的学生的自尊心等。

5.积累资料法

此法借鉴"十月怀胎、一朝分娩"的文学创作艺术,平时留神捕捉稍纵即逝的生活小浪花,把它摄入镜头,存作资料。例如庆祝会、开学典礼、授奖仪式等值得纪念的时刻,电视电影中优美的自然风光、精彩的故事情节等与教学有关的资料,要注意收集、整理,分类存档。教学时,根据需要选择其中一两个镜头或片断在课堂上播放,会起到单纯"粉笔+黑板"的教学所起不到的作用。

6.充实内容法

把教学媒体作为补充、扩展教学内容的手段。

7.快速展示法

所谓快速展示,是把教材中写的,而实际生活中要很长时间才能做到的事,通过教学媒体迅速展示给学生。

【例】水的电解实验用霍夫曼电解器进行20分钟才能完成,而采用投影演示只需几分钟,时间省、效果好。

还有一些稍纵即逝的实验,可利用电教媒体放慢镜头或定格的特技,拉长实验过程,便于学生仔细观察。例如,氯化亚铁与氢氧化钠的反应现象是先有白色沉淀生成,接着迅速转为灰绿色,最后变为红褐色,这些现象都需要学生掌握,然而由于"迅速",发生在瞬间的"白色沉淀"学生无法看到,如将此录制成电视片,用慢镜头放映,关键部分"定格",学生就会感知清晰、理解深刻。

9.激发兴趣法

利用教学媒体的直观、形象的特点来激发学生的学习兴趣。

10.创设情境法

借助教学媒体,创设与课堂教学有关的情境,以增强学生的学习情趣。

【例】美术《树林中的鸟》一课,教师先教给学生画鸟的基本方法,当讲到鸟的种类及特征时,利用幻灯机陆续放出录音机播放的《百鸟朝凤》,鸟声婉转悠扬,小学生们感到仿佛置身于大自然中,画鸟的欲望大增,教师因势利导,讲述鸟类与环境的关系,对学生进行爱鸟教育,启发学生如何组织画面,教学效果很好。

11.推陈出新法

所谓推陈出新,就是将以往常规教学的东西,改由电化教学媒体进行教学,使其推陈出新,更具吸引力。

【例】进行"火车转弯"习题教学时,按常规得"在黑板上开机器",教师口头讲习题。有一位教师采用电化教育媒体,他首先用投影仪放出"火车转弯"的画面,师生问答完成"受力分析"之后,他又在画面上放出复合受力示意图;为突破火车以不同车速运行时对内外轨的侧向压力变化这一教学难点,他结合讲解和板书,不断地抽动着投影片的可动装置……电教媒体的独特魅力使他的习题教学大为增色,听课学生啧啧称赞。这堂课取得了非常好的教学效果。

12.拓宽形式法

通过教学媒体拓宽教学的渠道和形式,使课堂教学内容更充实,形式更灵活。

13.理清文路法

使用教学媒体分析教材内容的思路,使教学由一个内容自然地过渡到另一个内容。例如,一位教师的作文教学,在组织学生参观某农村敬老院后,要求学生写一篇参观记,按参观顺序写出敬老院的特点,反映老人们晚年的幸福生活。指导课上,这位教师先播放了按参观顺序剪接的录像资料,据此学生很容易理清作文的思路;通过一些特写镜头,学生又很轻松地确定了写作的重点,运用电教媒体起到了常规教学所起不到的作用。

14.启迪思考法

通过教学媒体启发学生思维,使启发式教学融进更丰富的内容。

15.直观演示法

把一些原来只靠嘴讲的东西通过教学媒体直观演示出来,以帮助学生理解教学内容。

总之,在现代课堂教学中,教师在对现代教学媒体使用的过程中,必须重视学生的主体地位,媒体的选择和运用,媒体播演时间的长短、频率的繁简,方法的运用都要建立在对学生的认知发展特点进行充分分析的基础之上。能够有意识地对学生认知特点进行充分分析,使教学媒体最终服务于学生认知能力的发展,是现代课堂教学体现以人为本的重要途径,也是教师在运用教学媒体的前提条件。

参考文献

[1]李如密.教学艺术论[M].济南:山东教育出版社,1998

[2]李如密,孙元涛.教学艺术策略[M].北京:军事谊文出版社,2001

[3]刘显国.中小学教学艺术丛书——开讲艺术[M].北京:中国林业出版社,2002

[4]张武升.教学艺术论[M].上海:上海教育出版社,1993

[5]刘宏武.课堂改革教师岗位培训资源包——新课程的教学艺术指导[M].北京:中央民族大学出版社,2004

[6][苏]苏霍姆林斯基著,周蕖、王义高等译.给教师的一百条建议[M].天津:天津人民出版社,1981

[7][美]维托·佩龙著,张京译.给教师的一封信[M].北京:教育科学出版社,2009

[8]朱恒夫.教学是一门艺术[M].上海:同济大学出版社,2006

[9]王升.如何形成教育艺术[M].北京:教育科学出版社,2007

[10]邵清艳.备好课的教学艺术[M].长春:东北师范大学出版社,2010

[11]黄北明,游世成.课堂结尾艺术[M].北京:中国林业出版社,2003

[12]党宇飞,周文涛.中学教师语言与行为艺术[M].武汉:湖北教育出版社,2007

[13]金小芳.教师的课堂管理艺术[M].长春:吉林大学出版社,2010

[14]张丽丽.初中生心理辅导案例分析[M].上海:华东师范大学出版社,2007

[15]钟志农,刘鹏志,周波.高中生心理辅导案例分析[M].上海:华东师范大学出版社,2007

[16]王德清.教学艺术论[M].成都:四川大学出版社,2007

[17]魏正书.教学艺术论[M].沈阳:辽宁大学出版社,1991

[18]施良方.学习论[M].北京:人民教育出版社,1994

[19]国家教育部发展研究中心.发达国家教育改革的动向和趋势[M].北京:人民教育出版社,1994

[20]教育部师范教育司.教师专业化的理论与实践[M].修订版.北京:人民教育出版社,2003

[21]符策震.教学的艺术[M].海口:海南人民出版社,1986

[22]杨青松.教学艺术论[M].成都:四川教育出版社,1993